真宗僧伽論《しんしゅうさんがろん》

―正信偈《しょうしんげ》をとおして―

安冨信哉

東本願寺出版

本書は、安冨信哉教学研究所前所長が、研究所主催の教化伝道研修第二期（二〇一四年七月一日〜二〇一六年六月三十日）で講義された「聖教の学び」をもとに、書籍化したものです。安冨先生は二〇一七年三月三十一日に急逝されたため、このたび教学研究所で整文・編集を行いました。

目次

【凡　例】

- 本文中の真宗聖典とは、東本願寺出版発行の『真宗聖典』を指す。
- 引用にあたっては、読みやすさを考慮し、適宜現代仮名づかいに改めるなど編集した。

第一章　正信の伝統

■僧伽

これから「正信偈《しょうしんげ》」をとおして「真宗僧伽論《しんしゅうさんがろん》」を学びたいと思います。

そこで最初に、僧伽という言葉の意味について確認しておきます。

僧伽 saṃgha 梵語の音写。略して僧といい、和とか衆と訳す〈和合衆《わごうしゅう》・和合僧〉。三宝《さんぼう》〈仏・法・僧〉の一つであって、仏法によって統理《とうり》された人々。仏法を信ずる人々の集まり〈現前僧伽《げんぜん》〉。即ち、形なき仏法が形をとって現実にはたらくところであり、仏法の真実であることが証明されているところである。今日、僧〈僧侶〉といえば、出家《しゅっけ》の比丘《びく》、又は比丘尼《びくに》の一人をさすことが多いが、本来は四人以上の集団、広い意味では在家《ざいけ》をも含めた仏教教団のことである。浄土真宗は、念仏によって結ばれた同朋《どうぼう》の教団である。

（教学研究所編『教化備要』第一、付録一、仏教用語解説、三三一頁）

この解説では僧伽という言葉を広い意味で取り、同朋僧伽のことを指しています。それでは親鸞聖人《しんらんしょうにん》は、その僧伽をどのように理解しておられたのでしょうか。それについてこれから尋ねていきたいと思います。

日本の浄土教の伝統で、最初に念仏の僧伽として挙げられるのは、比叡山《ひえいざん》において、源信僧都《げんしんそうず》の『往生要集《おうじょうようしゅう》』の思想に基づいて結成された「二十五三昧会《にじゅうござんまいえ》」です。毎月十五日に念仏の集《つど》いをもち、浄土往生を願うのです。講衆は互いに父母兄弟の思いで交際します。講衆の一人が病気にかかれば、他の講衆が看護や介護にあたり、重体になれば往生院《おうじょういん》という場所に移します。亡くなった場合は共同墓地である安養廟《あんにょうびょう》に葬ります。また、講衆が集会に三度欠席したり、看病や葬送の義務を怠《おこた》ったりすることをいましめるような規約も定めています。この「二十五三昧会」は「二十五三昧講《こう》」とも言われますが、「講」も「会」と同じで、仏教で言えば「集会《しゅうえ》」と言われます。「会」は、呉音《ごおん》読みで「え」と読むのですが、この「会」には宗教的な意味があるわけです。

法然上人《ほうねんしょうにん》は、この二十五三昧会に集っていたような講衆のことを、「同朋」と言っておられます。念仏の仲間というような意味ですが、その「同朋」について法然上人は、次のように言っておられます。

現世をすぐべき様は、念仏の申されん様にすぐべし。念仏のさまたげになりぬべくば、なになりともよろずをいとすてて、これをとどむべし。いわく、ひじり（聖）で申されずば、め（妻）をもうけて申すべし。（中略）一人して申されずば、同朋とともに申すべし。共行して申されずば、一人籠居して申すべし。

（「禅勝房伝説の詞」『昭和新修法然上人全集』平楽寺書店、四六二〜三頁、括弧内注）

ここでの「同朋」とは、「同じ一つの方向に向かって進む者」、「志を同じくする者」という意味をもちます。ここに親鸞聖人における同朋僧伽の出発点を見ることができます。

法然上人の同朋僧伽は、仏法の場として田舎の村の辻堂《つじどう》や民家の一室などで開かれており、法然上人は大きなものにしようとはされませんでした。親鸞聖人も大教団を興して伝道しようというような方針を採ることはありませんでした。その仏法の場に集まった人々の中には、武士もいましたが、農民や商人や漁師、いわゆる在家庶民が中心でした。

法然上人が命終された後、親鸞聖人と共に人々は、法然上人の命日である毎月二十五日に集会を開きました。これは「聖人の廿五日《にじゅうご》の御念仏《おんねんぶつ》」（真宗聖典五七八頁）と表現されています。人々は小さな道場に集まって、親鸞聖人を囲んで念仏の教えを聞き、お互いに信仰を深くしました。そして、人生の方向を見出して、生きる勇気を得ていたのです。それは緩やかな念仏の共同体でした。親鸞聖人は僧伽という言葉を直接にはお使いになっていませんが、その念仏の共同体を僧伽という言葉で理解しておられたのではないかと思います。

そのような仏法の場において、人々は平等の観点に立っていました。『歎異抄《たんにしょう》』でも「弟子一人《いちにん》ももたずそうろう」（真宗聖典六二八頁）とあるように、念仏を称《とな》える人々は皆、仏弟子であり、仏の縁につながっている者は同朋・同行《どうぎょう》である、親鸞聖人はそのように呼び掛けているのです。親鸞聖人が在家庶民の上に仏法の場を開いてくださったのです。その御恩は、私たち真宗門徒にとって、決して忘れてはならないものであると思います。

覚如上人《かくにょしょうにん》の『報恩講私記《ほうおんこうしき》』に「おおよそ、訓《おし》えを受くる徒衆《としゅ》、当国《とうごく》に余り、縁を結ぶ親疎諸邦《しんそしょほう》に満《み》てり」（真宗聖典七三九頁）とあるように、毎月二十五日の念仏の集会には、たくさんの人々が参加していたのでしょう。私たちが想像する以上に多くの人たちが、親鸞聖人の門徒となったのです。親鸞聖人から教えを受けた人々は、常陸国《ひたちのくに》（茨城県）を中心に関東一円から東北地方、東海地方にかけて散在しています。念仏者の集まりは、地名を冠した門徒集団の名で呼ばれました。下野国高田《しもつけのくにたかだ》（栃木県真岡市）には真仏《しんぶつ》や顕智《けんち》を中心とする高田門徒がいました。常陸国の横曽根《よこそね》（常総市）には性信《しょうしん》を中心とする横曽根門徒、飯沼蕗田《ふきた》（八千代町）には善性《ぜんしょう》を中心とする蕗田門徒、鹿島（鉾田市）には順信《じゅんしん》を中心とする鹿島門徒がいました。また奥州大網《おおあみ》（福島県白河市）の如信《にょしん》を中心とする大網門徒なども有名です。

そこでは「念仏のすすめのもの」（真宗聖典五六九頁）などを経済的基盤として、親鸞聖人の生活や念仏者の集まりが支えられていました。真宗におけるお布施《ふせ》には、基本的に「念仏のすすめのもの」という意味があるのでしょう。そのことは注意されるべきことであると思います。

■「正信偈」の題目

それでは「正信偈」に入っていきたいと思います。まず「正信偈」という題目についてです。古来、「題は一部の総標《そうひょう》」と言われ、書物の題目がその書物の全体を表し、内容を集約していることから、仏教では題目を非常に大切にしています。例えば親鸞聖人の『教行信証《きょうぎょうしんしょう》』の正式な題目は、『顕浄土真実教行証文類《けんじょうどしんじつきょうぎょうしょうもんるい》』ですが、その題目が『教行信証』全体を表しているのです。

親鸞聖人は、『教行信証』において偈文《げもん》をお作りになりました。それを私たちは日頃「正信偈」と呼んでいます。この「正信偈」という呼称は、『尊号真像銘文《そんごうしんぞうめいもん》』に「和朝愚禿釈《わちょうぐとくしゃく》の親鸞が『正信偈』の文《もん》」（真宗聖典五三〇頁）とあることに依ります。つまり、親鸞聖人ご自身が「正信念仏偈《しょうしんねんぶつげ》」を「正信偈」とおっしゃっているわけですが、『教行信証』において、「正信偈」の正式な名称は「正信念仏偈」です。

ところが『浄土文類聚鈔《じょうどもんるいじゅしょう》』に置かれた偈文は、「念仏正信偈」（真宗聖典四一〇頁）という名で、正信と念仏の順序が逆になっています。この「正信念仏偈」と

「念仏正信偈」の違いについては、稲葉秀賢《いなばしゅうけん》先生から、「真宗門徒には信心に偏る、つまり偏信の傾向がある。だから念仏を先に出して「念仏正信偈」と言われた」と教わったことがあります。

そうなりますと、『教行信証』（広文類《こうもんるい》）が前に成立して、『浄土文類聚鈔』（略《りゃく》文類《もんるい》）が後に成立したということになります。しかし、その次第については明らかではありません。この成立の前後についての問題は、真宗学における大きなテーマの一つとなっています。

■僧伽の歌

「正信偈」は漢讃《かんさん》、つまり漢語讃嘆《かんごさんだん》です。他にも和讃《わさん》、梵讃《ぼんさん》がありますが、和讃は和語讃嘆、梵讃は梵語讃嘆ですね。私たちは漢語讃嘆である「正信偈」を皆で歌います。歌は一人でも歌えますが、皆で合唱もできます。歌によって人々が繋がります。人と人とを繫ぐということが歌の特徴ですね。親鸞聖人がお作りになった「正信偈」は、同朋僧伽の形成にとって欠かせないものです。

なぜ親鸞聖人が歌を作られたのかということについて、ご和讃を一つ挙げておきたいと思います。

仏慧功徳《ぶってくどく》をほめしめて　十方《じっぽう》の有縁《うえん》にきかしめん
信心すでにえんひとは　つねに仏恩報《ぶっとんほう》ずべし
（「浄土和讃」真宗聖典四八三頁）

ここで親鸞聖人は、仏の智慧功徳をほめて、十方の有縁に聞かせよう、信心をすでに得た人は常に仏恩を報じていきなさい、とおっしゃっています。これは親鸞聖人が人々に教えを勧めているだけではなくて、親鸞聖人ご自身に対する言葉でもあったのだと思います。念仏に出遇《であ》った者として教えを人々に伝えよう、信心を獲得《ぎゃくとく》した人はその教えを人々と共に分かち合おう、ということです。親鸞聖人はそのような願いをもっておられました。そこに教化の原点があると思います。

また、そこには「群萌《ぐんもう》」（雑草が群がって生《は》えるようなありさま、生きとし生けるもの）を「同朋」として見られ、共に生きようとする生き方があります。『教行信証』「証巻《しょうのまき》」には次のように出ています。

しかるに煩悩成就《ぼんのうじょうじゅ》の凡夫《ぼんぶ》、生死罪濁《しょうじざいじょく》の群萌、往相回向《おうそうえこう》の心行《しんぎょう》を獲《う》れば、即の時に大乗正定聚《だいじょうしょうじょうじゅ》の数に入《い》るなり。
（真宗聖典二八〇頁）

「群萌」の「群」とは群がるということです。そして「萌」は、もともとは「萠」という字です。これは同朋の「朋」という字と通底するものがあります。つまり群萌を同朋として見ていくわけです。

この「同朋」という言葉は、

この文は奥郡《おうぐん》におわします同朋の御《おん》なかに、おなじくみな御覧そうろうべし。あなかしこ、あなかしこ。としごろ念仏して往生をねがうしるしには、もとあしかりしわがこころをもおもいかえして、ともの同朋にもねんごろのこころのおわしましあわばこそ、世《よ》をいとうしるしにてもそうらわめとこそ、おぼえそうらえ。
（『親鸞聖人御消息集（広本）』真宗聖典五六三頁）

とあるように、親鸞聖人のお手紙の中にしばしば見られるものですが、「同朋の御なかに」と、「御」という字が付けられています。あるいは親鸞聖人はお手紙をお出しになるときに、「明法《みょうほう》の御房《おんぼう》」（同）というように、「御」という字を使われます。そういうところから親鸞聖人は、同朋や同行に「御」という字を付けておられたことが窺えます。

■東国と在地信仰

今、「明法の御房」を例として出しましたが、そこで思い出されるのは、関東の同朋への伝道において大変な困難が伴ったということです。明法の御房については親鸞聖人の伝記である『本願寺《ほんがんじ》聖人伝絵《しょうにんでんね》』（『御伝鈔《ごでんしょう》』）に「一人《いちにん》の僧　山臥《やまぶし》云々　ありて、ややもすれば、仏法に怨《あた》をなし」（真宗聖典七三三頁）と言われます。この記述から明法の御房が「山臥」（山伏）であって、仏法に怨みを抱く人物であったことが窺われます。そうした人を教化していくにあたって、親鸞聖人には様々なご苦労があったことが偲ばれます。そうした困難を超えて教団ができて、親鸞聖人が亡くなられた後、教団の組織化が進みました。

そのように親鸞聖人によって仏法の場が開かれ、浄土真宗が開かれたわけですが、その浄土真宗の歴史とは、その仏法の場を相続してきた歴史です。親鸞聖人によって開かれた仏法を、それぞれの場でいただいて相続してきたのです。そのことは決して容易ではなく、大変なご苦労があったわけです。歴史を振り返ってみますと、お寺が焼かれたり、あるいは僧侶や門徒が殺害されたりするということもあり、様々な困難があったのです。それでも法座が開かれ、仏法の場が相続されてきました。先人の血と汗の歴史を背景にして、いま、私たちにこの仏法の場が開かれているのです。そのことにあらためて襟《えり》を正したいと思います。

■伝統の正信

「正信偈」という題目の「正信」。この正信から、私たちの信仰の伝統が生まれてきました。通常「信」というと、世俗的な信、つまり隣人への信頼や信用などの意味ももちますが、私たちが「信」という時、それは信心を指します。浄土真宗における宗教的な信を「信心」と呼んでいるのです。浄土真宗において信は、第一義的には念仏を信じるということです。つまり「正信念仏偈」の「正信念仏」は、「念仏を正信する」という読み方ができるのではないかと思います。

　しかし、ただ念仏を信じるというだけでは、真宗の正信にはなりません。念仏には、念仏によって御利益《ごりやく》を求める念仏、例えば生命を永らえられますようにと願うような念仏もあります。あるいは念仏を称えて、善を積んでいくという念仏もあります。念仏といっても様々にあるわけです。ですから、念仏を信じるといっても、念仏そのものがどのようなものであるのかが問題になるのです。

「念仏を正信する」とは、「真宗念仏の伝統を正信する」ということなのです。しかし、その正信というのは真宗念仏の伝統を信じ込むことではありません。それは、真宗念仏の伝統に帰っていくことであり、真宗念仏の原点に帰っていくということです。つまり、真宗念仏の伝統に目覚めるということです。私たちは真宗念仏の伝統に目覚め、その真宗念仏の伝統において往生するのです。この真宗念仏の伝統ということが、正信を見定める判別の基準になります。

　親鸞聖人は「真宗念仏」について「高僧和讃」に次のようにおっしゃっています。

　真宗念仏ききえつつ　一念無疑《むぎ》なるをこそ

希有最勝人《けうさいしょうにん》とほめ　正念《しょうねん》をうとはさだめたれ（真宗聖典四九六頁）

先ほど言ったように、念仏を称えるのは真宗だけではありません。ところが、親鸞聖人は「真宗念仏」であると言われます。さらに「真宗念仏ききえつつ」と言われるように「きく」（聞く）ということが大切にされます。つまり真宗の念仏は称えながら聞く念仏なのです。もちろん真宗においても念仏を口称《くしょう》してきたわけですから、口称念仏を提唱している方もおられます。しかし「真宗念仏ききえつつ」とあるので、口で称えながら聞く念仏であることには間違いないと思います。

少し本題から外れますが、どのような念仏であっても、念仏は最も大切であると思います。「空念仏《からねんぶつ》」という言葉もありますが、どのような念仏も念仏です。どのようにいただくかというところに、正信という問題があります。先ほど「聖人の廿五日の御念仏」についてお話ししましたが、親鸞聖人は、念仏にも「御」の字を付けています。「御念仏」という言葉には、いただいたものであるということが含まれているのだろうと思います。私が称えるものであるけれども、私がいただくものでもある、そのことを「御念仏」というのではないかと思います。その意味において、念仏は、御念仏なのですね。私たちは口で人の悪口を言ったり、生ものも食べたりもします。けれどもそういうところから念仏が出てくるのです。その時、念仏に「御」の字を付けざるを得ないのです。それで「御念仏」と言われるのではないかと思います。

■仏法再興の志願

真宗念仏に帰ろう、真宗念仏の伝統に帰ろうという時、私が注目したいのは蓮《れん》如上人《にょしょうにん》です。蓮如上人は、このようにおっしゃっています。

御病中《ごびょうちゅう》に、蓮如上人、仰せられ候う。「御代《ごだい》に仏法を是非とも御再興《ごさいこう》あらんと、思《おぼ》し召《め》し候う御念力《ごねんりき》一つにて、かように、今まで、皆々《みなみな》、心やすくあることは、此《こ》の法師が冥加《みょうが》に叶《かな》うによりてのことなり」と、御自証《ごじしょう》ありと云々

（『蓮如上人御一代記聞書』第一四三条、真宗聖典八八〇頁）

ここに「仏法を是非とも御再興あらん」とあります。仏法再興ということにつ

いて言えば、東本願寺を創立された教如上人《きょうにょしょうにん》にも仏法再興という大きな願いがあり、お手紙にも「仏法再興」(『教如上人御消息集』第二十四通等)という言葉が出ています。この仏法再興は蓮如上人、教如上人の大きな願いなのです。

蓮如上人の生きられた時代は、血で血を洗うような戦国乱世の時代です。親鸞聖人もまた、平安時代から鎌倉時代という混乱した時期に、苦難の人生を力強く生きる道を念仏の信心に求められ、浄土真宗を顕《あき》らかにされたのです。そうした時、本当に強い信念というものが求められます。浄土真宗の文脈で言えば信念は、信心と念仏です。

しかしながら信念といっても様々です。中には迷信や邪信の類いも少なくなく、それは現代と変わりません。混迷する時代の中で、色々な宗教が起こるのです。その中で真宗の念仏を末法濁世《まっぽうじょくせ》に掲げたいという蓮如上人の願いがあり、教化のご苦労があります。

『御文《おふみ》』に、

そもそも当月の報恩講《ほうおんこう》は、開山聖人《かいさんしょうにん》の御遷化《ごせんげ》の正忌《しょうき》として、例年の旧儀《きゅうぎ》とす。これによりて、遠国近国《えんごくきんごく》の門徒のたぐい、この時節にあいあたりて、参《さん》詣《けい》のこころざしをはこび、報謝《ほうしゃ》のまことをいたさんと欲す。

（『御文』第四帖第六通、真宗聖典八二〇頁）

とあるように、当時、各地の門徒が本願寺の報恩講に参詣されました。しかし、蓮如上人は、その門徒たちの中に、

諸国において、当流門人《もんにん》のなかに、おおく祖師のさだめおかるるところの聖《しょう》教《ぎょう》の所判になき、くせ法門《ほうもん》を沙汰《さた》して、法義をみだす条《じょう》、もってのほかの次第なり。　（『御文』第四帖第六通、真宗聖典八二二頁）

という在り方があることを注意されています。そのような中で蓮如上人は、「正信偈」をとおして、

問うていわく、『正信偈』というは、これいずれの義ぞや。こたえていわく、「正」というは、傍《ぼう》に対し、邪《じゃ》に対し、雑《ぞう》に対することばなり。「信」というは、疑《ぎ》に対し、また行《ぎょう》に対することばなり。（『正信偈大意』真宗聖典七四七頁）

と正信を問うていかれたのでした。『正信偈大意』題号釈によれば、正信の「正」

は傍信や邪信や雑信に対し、「信」は行や疑に対すると言われます。念仏を傍《かたわ》らに信じる傍信もあれば、念仏を邪《よこしま》に信じる邪信もあるのです。さらに雑信という雑《まざ》った信もあるわけです。そのような信に対して、真宗念仏の信を明らかにするということで、蓮如上人は「正信偈」を大切にされたと思います。

現在では「正信偈」は浄土真宗において基本的なお聖教ですが、蓮如上人以前には「正信偈」を独立させて勤行《ごんぎょう》に用いるということはなかったようです。確かに蓮如上人の父、存如《ぞんにょ》上人の頃から「正信偈」を独立して書写してご門徒に与えるということを行っていたわけですが、これを注釈して伝道に用いたのは蓮如上人です。蓮如上人が特に「正信偈」を大切にされたのです。

蓮如上人が『正信偈大意』を書かれたのは四十六歳の時ですから、本願寺を継職して四年目です。蓮如上人は特に門徒の教化が必要だということを痛切に感じて、『正信偈大意』を書いた翌年、寛正《かんしょう》二（一四六一）年三月、四十七歳の時、初めて『御文』を書いてご門徒に与えます。これが最初の『御文』です。手紙による教化で、今で言えば文書伝道に当たります。『御文』には仏法再興という教化の大きな願いがあるのです。

しかし教化といっても人間の努力でできるかというと、人間にはどうにもならない面もあります。『大無量寿経《だいむりょうじゅきょう》』には、

> 無量の宝蔵《ほうぞう》、自然《じねん》に発応《ほっとう》す。無数《むしゅ》の衆生を教化《きょうけ》し安立《あんりゅう》して、無上正真《しょうしん》の道に住せしむ。（真宗聖典二七頁）

とあります。無量の宝蔵が、自然《じねん》に発応するというところが重要です。自然（おのずからそのようにあること）に教化するということです。人間的な努力で教化できるのではありません。人が人を導くなどということはできないからです。ここで述べられているのは、教化の自然性と言ってもいいかもしれません。私たちにできることは帰依三宝《きえさんぼう》、つまり三宝に帰依していくしかないのです。蓮如上人はその帰依三宝を、「一心帰命」ということで行われたと思います。そして、この「一心帰命」ということは、「一仏帰依《いちぶつきえ》」が根底にあるのだと思います。

■真宗への原点回帰

この「一仏帰依」「帰依一仏」ということは、蓮如上人において非常に徹底されています。本願寺は、東山大谷《ひがしやまおおたに》にあった当時、天台宗《てんだいしゅう》の一つの寺でした。そのことから天台流のいろいろな形式が残っていました。

黄袈裟《きげさ》・黄衣《きごろも》にて候う。しかれば、前々住上人の御時《おんとき》、あまた、御流《ごりゅう》にそむき候う本尊以下、御風呂のたびごとに、やかせられ候う。

(『蓮如上人御一代記聞書』第二二三条、真宗聖典八九六頁)

このようにことごとく帰依一仏というところに帰っていくのです。帰依一仏をはっきりさせること、それが蓮如上人の真宗への原点回帰であったのです。そのことによって、恨みも買い、当時は無碍光宗《むげこうしゅう》と言われたり、一向宗《いっこうしゅう》(一向衆)とも言われたりしました。しかし蓮如上人ご自身は、「されば一向宗という名言《みょうごん》は、さらに本宗よりもうさぬなりとしるべし」(『御文』第一帖第十五通、真宗聖典七七五頁)と言われ、一向宗という言葉を使っていた人に対しては、それはこちらの方からは言わないことだというように語っておられました。

ただ「一向宗」という呼称は、真宗を表す適切な表現であると思います。真宗門徒というのは、物忌《ものい》みをせず、一心一向に念仏を申すということで、「一向」という伝統があるわけです。真宗と名のることが正式に許されたのは、江戸時代に宗名論争があった後の明治五（一八七二）年のことであり、それまでは許されていなかったのです。

■信仰告白共同体

僧伽は、一向に念仏し、一つの場に結集することによってできてきます。僧伽というのは同朋僧伽であり、グループという集合体ではありません。念仏の共同体、コミュニティです。そのコミュニティは、親鸞聖人の「正信偈」で「道俗時衆《どうぞくじしゅう》共同心《ぐどうしん》」とあるように、共同心《ぐどうしん》によって結ばれている、そのような共同体が僧伽です。

人々はその共同体において、信仰座談を行います。例えば、『後世物語聞書《ごせものがたりききがき》』などを見ると、法然上人の信仰座談が出ていますが、蓮如上人も信仰座談を大切にされていました。

「仏法は、一人居て悦《よろこ》ぶ法なり。一人居てさえ、とうときに、二人よりあわば、いかほどありがたかるべき。仏法をば、ただ、より合い、より合い、談《だん》合《こう》申せ」の由、仰せられ候うなり。

（『蓮如上人御一代記聞書』第二〇一条、真宗聖典八九二頁）

このような地平に立って蓮如上人が交わりを展開する場とされたのであり、「毎月両度の寄合《よりあい》」（『御文』第四帖第十二通、真宗聖典八二八頁）が行われていました。「毎月両度」というのは、法然上人の命日である二十五日と、親鸞聖人の命日である二十八日に、月例集会を開いて仏法談義があったということです。そこではお斎《とき》やお酒も出されました。そして、

仰せに、「身をすてて、平坐《ひらざ》にて、みなと同坐するは、聖人のおおせに、「四《し》海《かい》の信心のひとは、みな兄弟」と、仰せられたれば、われも、その御《おん》ことばのごとくなり。

（『蓮如上人御一代記聞書』第三九条、真宗聖典八六二～三頁）

と言われるように、蓮如上人自身も平坐で座り、僧侶や門徒の隔《へだ》てなく、自由に

交わったのです。そこでは誰かが一方的に話をして、後は聞くだけというのではなく、互いに寄り合い談合し、信仰座談を行うのです。信仰を告白するわけです。聞法の共同体でもあるけれども、ただ一方的に聞くだけではありません。この共同体は信仰告白の共同体です。お互いが信仰を告白するのです。それが蓮如上人の願ったことだったと思います。

さらに「平坐にて、みなと同坐する」ということで、寄り合いの場は、自由で差別のない空間となります。差別や制約などが多かった当時、差別のない場において聞法《もんぽう》をしていく、念仏を正信する、そのことを蓮如上人は大切にされました。

■われらの地平

親鸞聖人のお言葉には、

生死《しょうじ》の苦海ほとりなし　ひさしくしずめるわれらをば
弥陀弘誓《みだぐぜい》のふねのみぞ　のせてかならずわたしける
（「高僧和讃」真宗聖典四九〇頁）

りょうし・あき人、さまざまのものは、みな、いし・かわら・つぶてのごとくなるわれらなり。

（『唯信鈔文意』真宗聖典五五三頁）

など、「われら」という言葉があります。蓮如上人のお言葉にも、

ただあきないをもし、奉公をもせよ、猟《りょう》、すなどりをもせよ、かかるあさましき罪業《ざいごう》にのみ、朝夕《ちょうせき》まどいぬるわれらごときのいたずらものを、たすけんとちかいましますいます弥陀如来の本願にてましますぞとふかく信じて、一心にふたごころなく、弥陀一仏の悲願にすがりて、たすけましませとおもうこころの一念の信まことなれば、かならず如来の御たすけにあずかるものなり。

（『御文』第一帖第三通、真宗聖典七六二頁）

とありますように、数多く「われら」という言葉が出てまいります。親鸞聖人や蓮如上人の立った地平は、「われら」の地平だったのです。汝らとか彼らという立場ではなく、同朋僧伽を形成する学や信仰は、「われら」の地平なのです。そういうことから「われら」という地平に立つのが、教化の基本であると思うのです。

現代人は「われら」というよりは「われわれ」と表現します。しかしこの「われら」と「われわれ」の間には、微妙かつ重要なニュアンスの違いが感じられます。「われら」には温かい感情がこもっているように感じます。

最後に「われら」という言葉に非常に注目されていた金子大榮《かねこだいえい》先生のお言葉を紹介します。

われらは、われわれではない。私たちである。血の通いのあるものである。

（『聞思室日記　続々』コマ文庫、八二頁）

第二章　帰　敬

■偈頌の歴史的伝統

「正信偈」は、七言一句の偈頌《げじゅ》・偈文であり、歌です。どのような宗教においても感動すると詩や歌が生まれます。詩が生まれて、詩が歌になり、それを共に歌うのです。キリスト教であれば、讃美歌やゴスペルなどがありますが、浄土教の伝統においても、インド・中国・日本と場所を問わず、感動から歌が出てきています。

例えば『大無量寿経』の「嘆仏偈《たんぶつげ》」があります。法蔵比丘《ほうぞうびく》が世自在王仏《せじざいおうぶつ》に出遇い、その感動を歌にして仏を讃嘆したものです。ですから、その偈文は、「嘆仏偈」や「讃仏偈《さんぶつげ》」と呼ばれているわけです。「嘆仏偈」は、法蔵菩薩お一人で歌ったものと思われますが、前回、お話ししたように歌うということには、一人で歌う場合だけではなく、共に歌うということがあります。そしてそこに一つの和合衆、僧伽ができます。共に歌うことは、僧伽が現前していると思わせるものがあります。

また、インドの天親菩薩《てんじんぼさつ》は『願生偈《がんしょうげ》』をお作りになり、その中で、

我作論説偈《がさろんせつげ》　願見弥陀仏《がんけんみだぶつ》　普共諸衆生《ふぐしょしゅじょう》　往生安楽国《おうじょうあんらくこく》

（我《われ》論を作り、偈《げ》を説きて、願わくは弥陀仏《みだぶつ》を見たてまつり、普《あまね》くもろもろの衆生《しゅじょう》と共に、安楽国に往生《おうじょう》せん）　（真宗聖典一三八頁）

と言われます。ここに「普くもろもろの衆生と共に、安楽国に往生せん」とあることから、天親菩薩が『願生偈』をお作りになった時、そこに浄土の教えに帰する人々の僧伽があったのではないかと思われます。

中国では善導大師《ぜんどうだいし》が「帰三宝偈《きさんぼうげ》」（「勧衆偈《かんしゅうげ》」「十四行偈《じゅうしこうげ》」）をお作りになりました。善導大師は偈に先立って、

先勧大衆発願帰三宝《せんかんだいしゅほつがんきさんぼう》

（先ず大衆を勧む、願を発《おこ》して三宝に帰し）　（真宗聖典一四六頁）

と言われ、善導大師もやはり偈をお作りになるにあたって、浄土の教えに帰する人々を思っておられます。「三宝に帰し」というのは親鸞聖人の読み方ですが、善導大師は、人々に「三宝に帰せよ」とお勧めになり、ご自身も偈の中で、

説偈帰三宝《せつげきさんぼう》　与仏心相応《よぶっしんそうおう》

（偈を説きて三宝に帰したてまつる。仏心と相応す）　（真宗聖典一四七頁）

と、三宝に帰すると言われています。

日本においては、親鸞聖人の「正信偈」があります。その最後に

道俗時衆《どうぞくじしゅう》共同心《ぐどうしん》　唯可信斯高僧説《ゆいかしんしこうそうせ》

（道俗時衆《どうぞくじしゅう》、共に同心に、ただこの高僧の説を信ずべし）　（真宗聖典二〇八頁）

とあるように、この末法に生きる出家の人も、在家の人も共に、この高僧の説を信じましょうということが願われています。

「正信偈」では僧伽の歴史的な伝承が念じられているわけですが、和讃や「正信偈」などの偈文は、共に歌い、そこに僧伽が開かれることが願われているように思います。つまり親鸞聖人が関東におられた頃、「正信偈」をお作りになったのは、念仏の同朋が共に歌い、和合することを願っておられたからなのではないかと思うのです。

安田理深《やすだりじん》先生は、「論を製作することが、一つの僧伽の実践であるという意義を持っている」（『僧伽の実践――『教行信証』御撰述の機縁――』遍宗寺、一八頁、非売

品）とおっしゃっています。つまり、『教行信証』という論が製作されることによって、仏法に統理された人々が、共同体において仏法に帰するということです。親鸞聖人は、そのことを願われたのではないかと思います。

仏法に帰するとは、仏法僧の三宝に一心一向に帰するということです。この一心一向に帰するというところに、浄土真宗独自のものがあります。真宗においては帰依一仏、一筋に阿弥陀如来に帰するということです。親鸞聖人は『教行信証』「化身土巻」において、『般舟三昧経《はんじゅさんまいきょう》』を引用し、

　自ら仏に帰命し、法に帰命し、比丘《びく》僧《そう》に帰命せよ。余道に事《つか》うることを得ざれ、天を拝することを得ざれ、鬼神《きじん》を祠《まつ》ることを得ざれ、吉良日《きちりょうにち》を視《み》ることを得ざれ、と。（真宗聖典三六八頁）

と、厳しい言葉で教誡《きょうかい》しておられます。ここには三宝帰依や一心一向の教えの精神や鬼神不拝というものが出ています。浄土真宗ほど帰依の心を大切にする仏教はないのではないかと思います。

■「正信偈」の組織

蓮如上人は『正信偈大意』で次のようにおっしゃっています。

そもそも、この『正信偈』というは、句《く》のかず百二十、行《こう》のかず六十なり。これは三朝高祖《さんちょうこうそ》の解釈《げしゃく》により、ほぼ一宗大綱《たいこう》の要義《ようぎ》をのべましましけり。この『偈』のはじめ「帰命《きみょう》」というより「無過斯《むかし》」というにいたるまで、四十四句、二十二行なり。これは『大経《だいきょう》』のこころなり。「印度《いんど》」已下《いげ》の四句は、総じて三朝の祖師、浄土の教をあらわすこころを標《ひょう》したまえり。また「釈迦《しゃか》」というより『偈』のおわるまでは、これ七高祖《しちこうそ》の讃《さん》のこころなり。

(真宗聖典七四七頁)

「ほぼ一宗大綱の要義をのべましましけり」と言われるように、「正信偈」は真宗の要義、エッセンスであるのですが、さらに組織だった偈であることがわかります。讃嘆の歌には違いないわけですが、思想的な詩でもあるのです。

親鸞聖人ご自身は、いわゆる「偈前《げぜん》の文」において、

しかれば大聖《だいしょう》の真言《しんごん》に帰し、大祖《だいそ》の解釈《げしゃく》に閲《えっ》して、仏恩の深遠《じんのん》なるを信知し

て、正信念仏偈《しょうしんねんぶつげ》を作りて曰《い》わく、

（真宗聖典二〇三頁）

とおっしゃっています。「大聖の真言」と「大祖の解釈」とありますが、蓮如上人によれば、「正信偈」は前半部と後半部とに分かれており、前半は『大経』の意を表し、後半は「三朝の祖師」、七高僧の讃の意を表します。そしてそれぞれ「依経分《えきょうぶん》」（依経段）と言い、「依釈分《えしゃくぶん》」（依釈段）と言います。

このように聖教の組織を構造的に見ていくことを、伝統的に「科文《かもん》」と言います。『真宗聖典』では、浄土三部経と『教行信証』に、区切りと考えられる箇所に番号が付けられています。章や節を表示するものです。この科文は、お聖教の解釈読法の一つで、見取り図や海図のようなものです。誰が作った科文に依るかによって解釈が変わります。経典では「序分《じょぶん》」、「正宗分《しょうじゅうぶん》」、「流通分《るずうぶん》」と三段の科文で見ていくのが一般的ですが、科文を読むということが非常に大切な意味をもっています。「正信偈」の科文については、古来、色々あるわけですが、最も基本的であるのは、「依経分」と「依釈分」です。それについて私なりに整理してお話ししたいと思います。

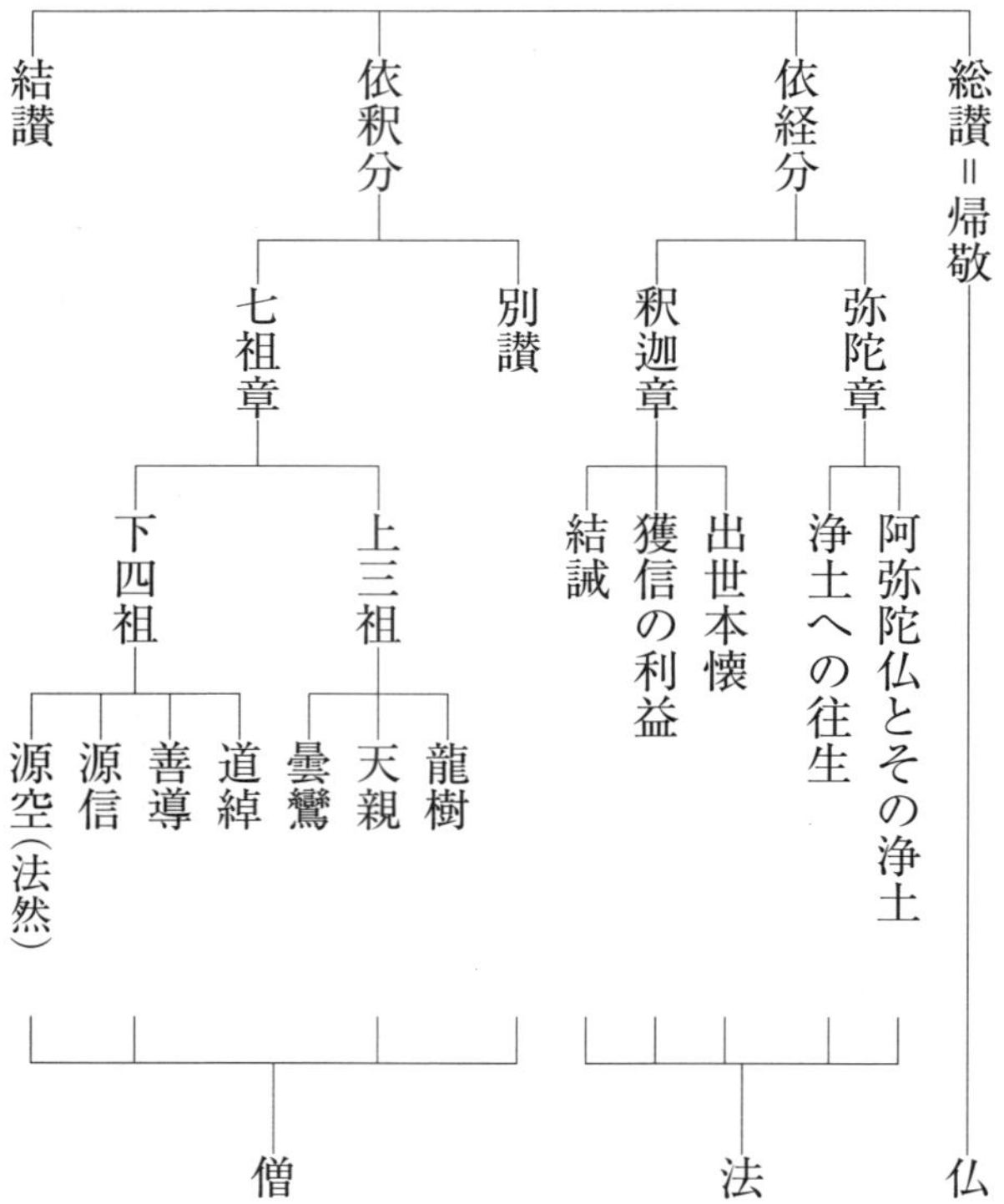
総讃＝帰敬
依経分
弥陀章
阿弥陀仏とその浄土
浄土への往生
釈迦章
出世本懐
獲信の利益
結誡
依釈分
別讃
七祖章
上三祖
龍樹
天親
曇鸞
下四祖
道綽
善導
源信
源空（法然）
結讃
仏
法
僧

最初は「帰敬序《ききょうじょ》」で、「帰命無量寿如来《きみょうむりょうじゅにょらい》　南無不可思議光《なむふかしぎこう》」で始まっています。いわゆる「総讃《そうさん》」です。そして「依経分」は、「弥陀章」と「釈迦章」から成っています。「弥陀章」は阿弥陀仏とその浄土、それから浄土への往生が説かれています。「如来所以興出世《にょらいしょいこうしゅっせ》　唯説弥陀本願海《ゆいせみだほんがんかい》」からが「釈迦章」です。出世の本懐《ほんがい》、獲信の利益、それから結誡が説かれています。

「依釈分」は「印度西天之論家《いんどさいてんしろんげ》　中夏日域之高僧《ちゅうかじちいきしこうそう》　顕大聖興世正意《けんだいしょうこうせしょうい》　明如来《みょうにょらい》本誓応機《ほんぜいおうき》」は「別讃《べっさん》」で、「釈迦如来楞伽山《しゃかにょらいりょうがせん》」から「七祖章《しちそしょう》」です。龍樹《りゅうじゅ》、天親《てんじん》、曇鸞《どんらん》のいわゆる上《かみ》三祖、道綽《どうしゃく》、善導《ぜんどう》、源信《げんしん》、源空《げんくう》のいわゆる下《しも》四祖について歌われています。そして最後に、「弘経大士宗師等《ぐきょうだいじしゅうしとう》　拯済無辺極濁悪《じょうさいむへんごくじょくあく》　道俗時衆《どうぞくじしゅう》共同心《ぐどうしん》　唯可信斯高僧説《ゆいかしんしこうそうせ》」の結讃《けっさん》で閉じられています。

最初は「帰命無量寿如来　南無不可思議光」ということで、仏への帰依です。さらに「正信偈」の全体が阿弥陀仏の『大経』の法であり、僧伽の伝承が説かれています。「依経分」をまとめているのが、「応信如来如実言《おうしんにょらいにょじつごん》」であり、「依釈分」をまとめているのが、「唯可信斯高僧説」です。「如来如実の言」は仏と法を表し、

「高僧の説」は僧を表しているということで、仏法僧の三宝の内容を「正信偈」の中に窺うことができるのではないかと思います。つまり内容的に見ると、「正信偈」においては帰依三宝、つまり帰依仏、帰依法、帰依僧が説かれているということです。

■帰依三宝

この帰依三宝については、「一体三宝《いったいさんぼう》」、「別相三宝《べっそう》」、「住持三宝《じゅうじ》」ということが言われます。法然上人は次のようにおっしゃっています。

一に一体三宝というは、法身《ほっしん》の理のうえに三宝の名をたつる也《なり》。万法みな法身より出生するゆえ也。二に別相三宝というは、十方の諸仏は仏宝也。その智慧および所説の経教は法宝也。三乗の弟子は僧宝也。（中略）画像・木像は住持の仏宝也。かきつけたる経巻は法宝也。画像・木像の三乗は僧宝也。住持と別相と、もっとも分別せらるべし。なかんづくに本尊は娑婆《しゃば》にとどまりて、行者《ぎょうじゃ》は西方にさらん事、存のほかの事也《ことなり》。ただし浄土の仏のゆかしさに、そのかたちをつくりて真仏の思をなすは、功徳をうる事也。

（「東大寺十問答」『昭和新修法然上人全集』平楽寺書店、六四五頁）

ここにあるように「一体三宝」では、三宝のそれぞれが法身として受け止められ、「別相三宝」では、帰依仏、帰依法、帰依僧となります。けれども「住持三宝」であれば、絵画や彫刻などの仏像を仏宝、経典を法宝、菩薩や僧の像を僧宝とするわけです。

「正信偈」では「帰命無量寿如来　南無不可思議光」で始まっています。つまり仏への「帰命」と「南無」という言葉で始まっているわけですが、この仏に仏法僧が摂《おさ》まっているのです。例えば『阿弥陀経《あみだきょう》』では「念仏念法念僧」（真宗聖典一二七頁）とありますが、この三つを念仏の一つに摂めるということです。方便法身《ほうべんほっしん》である南無阿弥陀仏に、三宝の全体が集約されると考えるのです。つまり、三宝を念仏の一宝に摂めたものが、南無阿弥陀仏なのです。これは一体三宝の立場であると思います。

また「宝」ということについて『蓮如上人御一代記聞書』に、次のようにあります。

焼くとも失《う》せもせぬ重宝《ちょうほう》は、南無阿弥陀仏なり。しかれば、弥陀の広大の御《ご》慈悲《じひ》、殊勝なり。

（第二三三条、真宗聖典八九九頁）

南無阿弥陀仏は焼いても消えない重宝であるということです。また、

当流の真実の宝と云うは、南無阿弥陀仏、これ、一念の信心なりと云々

（第二三九条、真宗聖典九〇〇頁）

と言われます。ここでは、南無阿弥陀仏こそ真実の宝であると讃えられています。

■三帰依文

帰依三宝と関係し、私たちにとって身近である「三帰依文《さんきえもん》」についても少しふれておきたいと思います。「三帰依文」は、国や宗派を越えて朗唱《ろうしょう》され、仏教徒であるということを表明する誓いの言葉です。仏教徒であるということは「三帰依文」を誦するということです。仏教に共通するものは何でしょうか。仏教とい

うのは瞑想であるという人もいるかもしれません。しかし真宗には瞑想がないわけですから、そういう意味において、この「三帰依文」は大切な意味をもち、真宗大谷派の『真宗聖典』の扉の頁にも記されています。

人身《にんじん》受け難《がた》し、いますでに受く。仏法聞き難し、いますでに聞く。この身《み》今生《こんじょう》において度《ど》せずんば、さらにいずれの生《しょう》においてかこの身を度せん。大衆《だいしゅう》もろともに、至心に三宝に帰依し奉《たてまつ》るべし。

自ら仏に帰依したてまつる。まさに願わくは衆生とともに、大道《だいどう》を体解《たいげ》して、無上意《むじょうい》を発《おこ》さん。

自ら法に帰依したてまつる。まさに願わくは衆生とともに、深く経蔵《きょうぞう》に入りて、智慧海《ちえうみ》のごとくならん。

自ら僧に帰依したてまつる。まさに願わくは衆生とともに、大衆を統理《とうり》して、一切無碍《むげ》ならん。

無上甚深《じんじん》微妙《みみょう》の法は、百千万劫《ごう》にも遭遇《あいあ》うこと難《かた》し。我いま見聞《けんもん》し受持《じゅじ》することを得たり。願わくは如来の真実義を解《げ》したてまつらん。

三帰依文は「人身受け難し、いますでに受く。仏法聞き難し、いますでに聞く」という言葉で始まります。私たちは人間として生まれることはなかなかできません。ほとんど不可能だということです。そして仏法を聞くこともほとんど不可能です。ところが幸いにして、いま、聞いているのです。つまり仏法を聞くということは大変なことなのです。私たちは仏法というものを何の気なく聞いていますが、「百千万劫にも遭遇うこと難し」なのです。それを私たちは聞くことができたわけです。言ってみれば、ただならぬ出来事なのです。そういう会座に出させていただいているということですから、身を引き締めて聞かないといけないわけです。『大無量寿経』では、これと同じような言葉を、釈尊《しゃくそん》は阿難尊者《あなんそんじゃ》に対して次のようにおっしゃっています。

阿難、あきらかに聴け。今、汝《なんじ》がために説かん。（真宗聖典八頁）

阿難に対して釈尊ははっきりと聞きなさいと、阿弥陀仏の本願を説くにあたっておっしゃっています。

次に「自ら仏に帰依したてまつる」「自ら法に帰依したてまつる」「自ら僧に帰依したてまつる」とあります。『根本説一切有部毘奈耶出家事《こんぽんせついっさいうぶびなやしゅっけじ》』では、出家について定めており、出家にあたって最初に三帰依を受けることが説かれています。帰依仏、帰依法、帰依僧を宣言することにおいて、初めて私たちは寂静涅槃《じゃくじょうねはん》の世界、あるいは仏法の大海に入ることができるのです。だから帰依仏、帰依法、帰依僧という三帰の礼拝は、「三宝」なのです。この宝とは尊く大きな価値があるということです。

また、三帰依文には「無上甚深微妙の法は、百千万劫にも遭遇うこと難し。我れ今見聞し、受持することを得たり」という言葉があります。そこでは、「無上甚深微妙の法」に出遇ったと言っているわけですが、この「法」とは、真宗の文脈で言えば、南無阿弥陀仏の教えのことです。それは「百千万劫にも遭遇うこと難し」なのです。それを私たちは折々のご法座で見聞し受持する、それは尊いことであるということです。

■親鸞の名号釈

浄土三部経の中で、この「南無阿弥陀仏」という言葉は、『大無量寿経』『阿弥陀経』ではなく、『観無量寿経』に出てきます。『観無量寿経』「下品上生《げぼんじょうしょう》」と「下品下生《げぼんげしょう》」のところです。まず「下品上生」では「合掌叉手《しゃしゅ》して、南無阿弥陀仏と称せしむ」（真宗聖典一一八頁）とあり、「下品下生」では「十念を具足して南無阿弥陀仏と称せしむ」（真宗聖典一二一頁）とあります。ここに出ているということは確かめておく必要があると思います。

一般的に、南無阿弥陀仏が呪文のように捉えられることもあります。南無阿弥陀仏と唱えると何か良いことがあるというような、呪文の言葉として用いられることは少なからずあったと思います。「現世利益和讃《げんぜりやくわさん》」には「南無阿弥陀仏をとなうれば」（真宗聖典四八七頁、四八八頁）という言葉があり、親鸞聖人のご和讃にも、何となく呪文のように受け止められかねないような響きがあるものもあります。

しかし親鸞聖人は、『教行信証』「行巻」の「名号釈」において、南無阿弥陀仏をそのような呪文として捉えるのではなく、南無阿弥陀仏の元の意味に帰って解釈されています。そこで親鸞聖人は、南無阿弥陀仏について「南無の言は帰命なり」（真宗聖典一七七頁）と、「南無」とはインドの言葉で、「帰命」という意味であると言われます。さらに「「帰命」は本願招喚《ほんがんしょうかん》の勅命《ちょくめい》なり」（同）とおっしゃいます。つまり「命」とは、本願が私たちを招く命令であるということです。私たちには、その勅命に帰依することがあるということです。「南無阿弥陀仏」とは、まさに修行であり、それがそのまま本願の勅命であると解釈されるわけです。仏に帰依する帰命の一念は、勅命によって発起した心であり、私自身が起こした心ではないということなのです。

■南無阿弥陀仏の誕生

安田理深先生は次のようにおっしゃっています。

「正信偈」に先ず「帰命無量寿如来　南無不可思議光」と出ている。これは南無阿弥陀仏を掲げたのである。つまり名号である。次に、南無阿弥陀仏が自己の背景を語る。

（『僧伽の実践――『教行信証』御撰述の機縁――』遍崇寺、四三頁、非売品）

「帰敬序」において「帰命無量寿如来　南無不可思議光（無量寿如来に帰命し、不可思議光に南無したてまつる）」とありますが、それは、南無阿弥陀仏の名号のことであって、同時にその名号にはいわれがあるということです。つまり、帰敬序には二重の意味があるということです。一つは、私が帰依するということであり、もう一つは、南無阿弥陀仏がどのような背景から出てきたのかということです。名号には名号の歴史、南無阿弥陀仏の誕生の物語があるのです。

このことについて親鸞聖人は様々に表現しておられますが、『一念多念文意』には、次のような言葉が出てまいります。

この一如宝海《いちにょほうかい》よりかたちをあらわして、法蔵菩薩となのりたまいて、無碍《むげ》のちかいをおこしたまうをたねとして、阿弥陀仏と、なりたまうがゆえに、報《ほう》身如来《じんにょらい》ともうすなり。これを尽十方無碍光仏《じんじっぽうむげこうぶつ》となづけたてまつれるなり。この如来を、南無不可思議光仏とももうすなり。この如来を方便法身《ほうべんほっしん》ともも う

すなり。（真宗聖典五四三頁）

この中で「一如宝海」とは真理の宝海、つまり法のことです。しかしそれは色も形もなく、私たちはそれをまったく見ることができません。

法に依るということについては、釈尊が涅槃する時の説法として「今日より法に依りて人に依らざるべし」（真宗聖典三五七頁）と説かれていますが、意味としては法に救われなさいということです。しかしその法はどこにあるのでしょうか。私たちには見えず、手だてがないのです。そこに法蔵菩薩が現れるのです。「法蔵菩薩となのりたまいて（中略）阿弥陀仏と、なりたまう」と言われる方便法身の「方便」とは「手だて」のことですから、その手だてに私がなろうと、真理が自ら名のりだして法蔵菩薩となり、阿弥陀仏となったということですね。これが法蔵菩薩の本願です。法性法身《ほっしょうほっしん》、法そのものの真理の世界から方便法身の世界に姿を現し、御名《みな》を示したのです。救われたければこの法に依りなさいということです。その法とは南無阿弥陀仏であるということなのです。

これについて蓮如上人は、次のようなわかりやすい言葉で述べておられます。

それ、五劫思惟《ごこうしゆい》の本願というも、兆載永劫《ちょうさいようごう》の修行というも、ただ我等《われら》一切衆生をあながちにたすけ給《たま》わんがための方便に、阿弥陀如来御身労《ごしんろう》ありて、南無阿弥陀仏という本願をたてましまして、まよいの衆生の、一念に阿弥陀仏をたのみまいらせて、もろもろの雑行《ぞうぎょう》をすてて、一向一心に弥陀をたのまん衆生をたすけずんば、われ正覚《しょうがく》とらじとちかい給《たま》いて、南無阿弥陀仏となりまします。

（『御文』第五帖第八通、真宗聖典八三六頁）

法蔵菩薩の物語は架空の物語ではなく、南無阿弥陀仏の成就の物語、つまり念仏が成就した物語である、そのように受け止めることができるのです。私たちが称えている念仏の最も底にある原点、それを物語ったものなのです。

私たちは迷いの海の中に投げ出されていますが、法蔵菩薩ご自身がその寄る辺《べ》なき流転《るてん》の海に投げ出されている者にとっての、寄る辺となろうということです。浄土真宗のみならず浄土教の伝統において、私たちの身は三界《さんがい》流転の身であると教えられますが、その私たちのために法蔵菩薩が自ら寄る辺となってくださるのです。そのことについて親鸞聖人ご自身も次のように歌っておられます。

五濁悪時悪世界《ごじょくあくじあくせかい》　濁悪邪見《じょくあくじゃけん》の衆生には
　弥陀の名号あたえてぞ　恒沙《ごうじゃ》の諸仏《しょぶつ》すすめたる
（「浄土和讃」真宗聖典四八六頁）

ここで述べられているのは名号の施与《せよ》ということです。五濁悪時、悪世界に住む邪見の衆生に名号を与えるのです。それは名号に依りなさいということです。法性法身がかたちを表し御名を示しました。これは寄る辺ない身である私たちに、自ら御名となって現れてくださったということです。それは、お釈迦さまだけでなく、「恒沙の諸仏すすめたる」というのです。

■言葉となった仏

この御名というものは、単なる名ではないのです。南無阿弥陀仏は単なる名ではありません。蓮如上人は、南無阿弥陀仏が「真実の宝」であるとおっしゃっています。浄土真宗の教え、念仏の教えは、南無阿弥陀仏という御名に救われる教えなのです。これはとても大切なことです。

安田理深先生が確認してくださっているように「名は単に名にあらず」なのです。安田理深先生は還暦の時、泉涌寺で「名は単に名にあらず」という講題でお話をされておりますが、その時に、次のようにおっしゃっています。

名が単なる名でないというのは、名が行という意義をもっている。そういうことを顕すために本願の名というわけである。

（『安田理深選集』第一巻、文栄堂、三一九頁）

「名が行という意義をもっている」とありますが、名というのは、もちろん名詞であるけれども行でもあるのです。行とははたらきのことです。つまり名とは本願のはたらきそのままである。南無阿弥陀仏のところに本願の行がはたらいているということです。そういうことから南無阿弥陀仏の名号とは、「本願の名」であると同時に願行なのです。

阿弥陀仏というとどこか遠いところに居て、向こうから「来なさい」と呼んでいるようなイメージをもつことが多いのですが、そうではないのです。阿弥陀仏という仏は、どこにおられるのかと言うと、南無阿弥陀仏という御名となり、ここにおられるということです。南無阿弥陀仏とは、言葉となった仏なのです。仏は様々なかたちを取るのですが、言葉というかたちをとっているということです。そして言葉となった仏であると同時に、私たちの上に言葉となってはたらく仏、生きてはたらく法身なのです。安田先生は、名号はそのような尊い意義をもっていることを教えてくださったわけです。

■僧伽を開く言葉

そのような意味をもつ南無阿弥陀仏が、人間にとって最も尊い言葉として受け入れられる。そこに南無阿弥陀仏を本尊として礼拝する信仰の形式があります。名号を本尊とする、名号本尊です。名号本尊について覚如上人が次のように述べておられます。

祖師あながち御《ご》庶幾《そき》御《ご》依用《えよう》にあらず。天親論主《てんじんろんじゅ》の礼拝門《らいはいもん》の論文《ろんもん》、すなわち「帰《き》命《みょう》尽《じん》十方《じっぽう》無碍《むげ》光《こう》如来《にょらい》」（浄土論）をもって、真宗の御本尊とあがめましましき。

（『改邪鈔』真宗聖典六七九頁）

親鸞聖人は、門弟が名号を礼拝することができるように、紙や絹布に墨で書いて表装されました。蓮台の上には仏の絵像ではなく、仏の名を記しておられます。「帰命尽十方無碍光如来」の十字名号だけでなく、「南無不可思議光如来」と書かれた九字名号や「南無阿弥陀仏」の六字名号もありますが、親鸞聖人の真蹟《しんせき》として、現存するもので最も多いのは十字名号です。どのような意味をもつかを含めて、「帰命尽十方無碍光如来」という十字名号を、ご本尊としたのは親鸞聖人であると考えられます。

ただ、浄土教の伝統において大切にされたのは六字名号です。法然上人も南無阿弥陀仏の六字名号を弟子である法力房蓮生《ほうりきぼうれんせい》（熊谷次郎直実《くまがいじろうなおざね》）に与えたことが、お手紙に残されています（「熊谷入道方へ状の御返事」『昭和新修法然上人全集』平楽寺書店、一二四六〜七頁参照）。そのように六字名号を大切にし、そして表装するということを、法然上人もされたようです。

それを承けたのが蓮如上人です。蓮如上人は次のようにおっしゃっています。

他流には、「名号より絵像、絵像よりは木像」と、云うなり。当流には、「木像よりはえぞう、絵像よりは名号」と、いうなり。

（『蓮如上人御一代記聞書』第七〇条、真宗聖典八六八頁）

絵像や木像は、どうしても美的鑑賞の対象になってしまいますし、あるいはご利益を求めるための対象になってしまいます。仏が本来の礼拝のためではなくなってしまうのです。

ところが、名号を本尊にすることによって絵像も木像もいらなくなります。名号を軸装にして紐でつるせば、どこでも礼拝することができるわけです。例えば野良仕事に行って、木の枝に名号本尊を一幅掛ければ、そこが礼拝の場所になります。また念仏を迫害する人が出てくれば、それを畳んで別の所に行き、その場所でまたお掛けすれば礼拝することができます。名号本尊は礼拝形式において革命的な意味をもっています。真宗が広がった一つの理由は、名号本尊を依用したということにあると思います。

蓮如上人も初めの頃には、十字名号を書かれたようですが、専ら「南無阿弥陀仏」です。日本で私ほど南無阿弥陀仏の六字を書いた者はいないだろうとおっしゃったという話が伝えられているほど（『第八祖御物語空善聞書』四十一、『真宗史料集成』第二巻、四二三頁参照）、蓮如上人はたくさん六字名号をお書きになり、下付されたのです。

その名号本尊を中心に僧伽が開かれ、その場で念仏を申し合うのです。念仏が唱和される場には和合衆がいる、これが僧伽です。その僧伽が蓮如上人の頃の念仏教団であったのではないかと思います。おそらく粗末な場所で念仏の法会が開かれたのだと思いますが、そこに名号本尊が掛けられて礼拝されるのです。その折に「正信偈」やご和讃が拝誦されたのか、定かではないですが、偈文や和讃という形式であることから、おそらく親鸞聖人にはそういうお気持ちがあったのではないかと思います。そのような意味があることを、もう一度、大切にしたいと思うのです。

■いのちに帰る

最後に現代との関わりについてお話ししますと、真宗大谷派では、蓮如上人五百回御遠忌《ごえんき》のときに「バラバラでいっしょ――差異《ちがい》をみとめる世界の発見」というテーマが掲げられました。南無阿弥陀仏、つまり「帰命無量寿如来　南無不可思議光」というところに、僧伽が開かれてくることを、もう一度振り返ってみようということが出てきたのです。そして「御遠忌テーマの決定について」という文章の中に、

　どこで人間の尊さをいえるのか、その根拠を求めようとするとき、いったい私たちは、どういう世界から呼びかえされているのかを考えざるを得ません。

（『真宗』一九九六年五月号、九頁）

とあります。そのことがテーマに加え、「帰ろう　もとのいのちへ」というスローガンになったわけです。この「いのちに帰る」という言葉には以下のような根拠もあります。

　帰命の義もまたかくのごとし。しらざるときのいのちも、阿弥陀の御いのちなりけれども、いとけなきときはしらず、すこしこざかしく自力になりて、「わがいのち」とおもいたらんおり、善知識「もとの阿弥陀のいのちへ帰せ

よ」とおしうるをききて、帰命無量寿覚《きみようむりようじゆかく》しつれば、「わがいのちすなわち無量寿なり」と信ずるなり。かくのごとく帰命するを、正念をう、とは釈するなり。

（『安心決定鈔』真宗聖典九五九頁）

ここに「もとの阿弥陀のいのちへ帰せよ」とあるように、「いのちに帰る」ということを現実としようということです。そういうことを帰命ということに託して言っているわけですし、さらに「帰命無量寿覚」とは帰命無量寿如来と同じことです。

蓮如上人五百回御遠忌は一九九八年であり、二十世紀の最末、二十一世紀の直前です。戦争などによっていのちそのものが非常に粗末にされ、いのちそのものが壊されるような現実がありました。その中でもう一度、いのちの根源に帰るために、「帰ろう　もとのいのちへ」という言葉が掲げられたのだと思います。さらに宗祖親鸞聖人七百五十回御遠忌では、「今、いのちがあなたを生きている」という言葉を掲げました。いのちが見失われている中で、もう一度、いのちの根源へ帰っていこうということです。

蓮如上人五百回御遠忌を一つの機縁として起こされたのが、帰敬式《ききょうしき》実践運動です。

このような歩みの中、今あらためて同朋会運動の初心に立ち返るとき、真宗門徒の帰依三宝の精神こそ、具体的生活の中で同朋会運動を確かめ、いよいよ真宗門徒の自覚を新たにし、その生活と歩みを確かなものとしていく基盤であると気づかされるのです。

そこでこのたび、蓮如上人五百回御遠忌のお待ち受けに際し、とくに「真宗門徒としての自覚と実践」を深めるために、全宗門人が共に取り組んでいけるような実践課題として生まれてきたのが「帰敬式実践運動」です。

（『真宗』一九九六年四月号、一三頁）

ここに述べられているように、帰敬式が非常に大切な意味をもっているということです。これは帰依三宝の心、言ってみれば原点に帰る運動であるということです。

同朋会運動も、あまりにも理論だけになって、実践としての礼拝が失われてしまえば、意味がないわけです。実践がなければ理論信仰のようになってしまって、帰依仏の信仰にならないということがあります。そのような反省から帰敬式実践運動が始められたのだと思います。

第三章　阿弥陀仏とその浄土

■海と群萌

これまでは「正信偈」の題目や「正信偈」が生み出された背景などについて尋ねてきましたが、今回は「正信偈」の本文に入ろうと思います。「正信偈」の全体の内容を網羅するということではなく、「正信偈」をとおして、真宗僧伽論を展開してみたいと思っています。

今まで話してきましたように「正信偈」は全体として「依経分」と「依釈分」とに分かれます。「依経分」の冒頭は、いわゆる「帰敬序」(帰敬偈)や「総讃」とも言われる「帰命無量寿如来　南無不可思議光」です。それはいわば南無阿弥陀仏という名号のことですが、この後に名号が起こってきたいわれについて述べられています。それは阿弥陀仏を中心に説く「弥陀章」であり、その後、釈尊を中心に説く「釈迦章」があります。今回、取り上げたい文は、その釈迦章の冒頭にある次の文です。

如来《にょらい》所以《しょい》興《こう》出《しゅっ》世《せ》　唯《ゆい》説《せ》弥陀《みだ》本願《ほんがん》海《かい》
五《ご》濁《じょく》悪《あく》時《じ》群生《ぐんじょう》海《かい》　応《おう》信《しん》如来《にょらい》如実《にょじつ》言《ごん》

（如来、世に興出したまうゆえは、ただ弥陀本願海を説かんとなり。五濁悪時の群生海、如来如実の言《みこと》を信ずべし）

（真宗聖典二〇四頁）

ここでの「如来」とは、具体的には『大無量寿経』という経典を説かれた釈尊のことです。釈尊がこの世に現れたのは、阿弥陀仏の本願を説くためであったということで、出世本懐が説かれています。そしてすべての生き物、すなわち「群生海」は、その本願を説いている「如実の言」、つまり真実の言葉を信ずべきであることが説かれています。

■二つの海

親鸞聖人は文章をお書きになる時、対句的な表現をよく用いられますが、ここでもそうした表現によって説かれています。ここでは、「本願海」と「群生海」とであり、二つの海が出ています。この本願海とは、本願を海に譬えていて、本願の大きさや広さや深さなどを「海」で表現しています。この「海」という言葉は、無限や永遠等を具体的なイメージで表現しようとする時、非常に適切であると思います。

仏教においては、「海」という言葉を使って思想を表現することがよくあります。それは一つの伝統になっており、親鸞聖人もその系譜を大切にしておられます。『教行信証』では、「海」という言葉は一〇四カ所に出てきており、その種類は三十二種に及ぶということが指摘されています（森龍吉『親鸞随想―その精神と風土―』三一書房、一九～二〇頁参照）。「正信偈」には、その他にも海の譬喩が次のように述べられています。

凡《ぼん》聖《しょう》逆《ぎゃく》謗《ほう》斉《さい》回《え》入《にゅう》　如《にょ》衆《しゅう》水《し》入《にゅう》海《かい》一《いち》味《み》

（凡聖、逆謗、ひとしく回入すれば、衆水、海に入りて一味なるがごとし）

（真宗聖典二〇四頁）

帰《き》入《にゅう》功《く》徳《どく》大《だい》宝《ほう》海《かい》　必《ひっ》獲《ぎゃく》入《にゅう》大《だい》会《え》衆《しゅ》数《しゅ》

（功徳大宝海に帰入すれば、必ず大会衆の数に入ることを獲）

光《こう》明《みょう》名《みょう》号《ごう》顕《けん》因《いん》縁《ねん》　開《かい》入《にゅう》本《ほん》願《がん》大《だい》智《ち》海《かい》

（真宗聖典二〇六頁）

（光明名号、因縁を顕《あらわ》す。本願の大智海に開入すれば）
（真宗聖典二〇七頁）

「正信偈」は六十行百二十句にもかかわらず、このように「海」という言葉が幾度も用いられ、親鸞聖人が「海」という言葉に託して、思想を表現されたというこことが窺われます。そのようなことから「正信偈」において「海」という言葉が出てくるということは注意されるべきことであると思います。

では、そのように海が様々に表現される中で、「本願海」と「群生海」とはどのような関係にあるのでしょうか。このことについて榿《かじ》由美子氏は、次のように述べています。

凡夫《ぼんぶ》の迷いと仏の悟りの両極の世界を同じく海に譬えているのは、仏の本願海が迷いの無明海とは別の所にあるのではなく、迷いの無明海にこそ大慈大悲の本願海が感得せられるのである。

（榿由美子「三願転入について」『親鸞教学』二八号、四四頁）

これは無明海、つまり群生海をとおして、本願海の意義が見えてくるということです。さらに本願海をとおして、群生海の意義が見えてくることでもあります。

言ってみれば本願海と群生海という二つの海が、それぞれの証拠となっているわけです。

■真仏土の成就

この本願海とは本願のことですが、本願に応じて真実の浄土が建立されます。それは真実の仏道が建立されるということでもあります。ここでの本願とは、第十二願と第十三願、光明無量の願と寿命無量の願です。それによって『教行信証』「真仏土巻《しんぶつどのまき》」の結びの部分においては、

しかるに願海《がんかい》について、真あり仮《け》あり。ここをもってまた仏土《ぶつど》について、真あり、仮あり。選択本願《せんじゃくほんがん》の正因に由《よ》って、真仏土を成就せり。

（真宗聖典三二三頁）

と、真実の浄土が建立されると述べられています。しかしその浄土について、「仏土について、真あり、仮あり」とあります。つまり真実報土《しんじつほうど》と方便化土《ほうべんけど》があるということで、浄土に真仮《しんけ》の別を見るのです。これは親鸞教学の特質の一つで

あると言えるでしょう。

私たちにとって浄土の意義は何でしょうか。親鸞聖人は「真仏土巻」で「大悲の願海に酬報せり」（真宗聖典三二四頁）とおっしゃっています。大悲の願海に酬報《しゅうほう》するからこそ、浄土を報土とも言うのです。その浄土を曽我量深《そがりょうじん》先生は「本願の仏地」（『本願の仏地』『曽我量深選集』第五巻、彌生書房）と表現されています。その本願の仏地においてあらゆる人々、老少善悪が隔てなく迎えとられるのです。「本願の仏地」という言葉で表現していただいたということは、有り難いことであると思います。

『大経』では、本願の仏地、つまり浄土の成り立ちが述べられていますが、「正信偈」「依経分」の「弥陀章」においても、浄土の成り立ちが説かれています。その「弥陀章」の内容を『大無量寿経』で確かめてみましょう。

ある国王が法蔵比丘・菩薩になり阿弥陀仏となりました。つまり因位として王位から比丘位・菩薩位となり、そして果位として仏位になったのです。それが物語の展開です。もう少し詳しく言うと、ある国王が世自在王仏の説法を聞き、大きな悦《よろこ》びを得て、菩提心《ぼだいしん》を発《おこ》した。そこで国を棄てて沙門《しゃもん》となり、法蔵と名のります。その法蔵は世自在王仏に誓いを述べられます。その誓いの言葉は、「嘆仏偈」の直後に出てくるものでは、以下のように述べられます。

世尊、我《われ》無上正覚の心を発《おこ》せり。願わくは、仏、我《わ》がために広く経法《きょうぼう》を宣《の》べたまえ。我当《まさ》に修行して仏国を摂取《せっしゅ》し、清浄に無量の妙土《みょうど》を荘厳《しょうごん》すべし。我《われ》世において速《すみ》やかに正覚を成らしめて、もろもろの生死《しょうじ》・勤苦《ごんく》の本《もと》を抜かしめん。（真宗聖典一三頁）

「我当に修行して仏国を摂取し、清浄に無量の妙土を荘厳すべし」とあるように、法蔵菩薩は「無量の妙土」、すなわち浄土を建立されようとしています。浄土は仏国土とも言われますが、国を建てるのです。また、「もろもろの生死・勤苦の本を抜かしめん」とありますが、生死の迷いに沈み、苦悩の世界に呻吟《しんぎん》する人々を救い出したいと、法蔵菩薩は誓願を立てるのです。そしてさとりを開かれます。

仏のさとりの世界は、無為涅槃界《むいねはんがい》、あるいは法界と言われます。色も形もない無相の世界です。しかしながら、さとりの世界が無相の世界では、私たちにとっては取り付く島もないわけです。そこで法蔵菩薩が、無相の世界である如来のさとりの世界を、浄土として形を示し有相にされるのです。これを荘厳と言います。荘厳して私たちが仰ぐべき世界を知らしめてくださるのです。無相の世界を浄土として有相の世界に転じ、そこに来るように呼び掛けておられるのです。ここに法蔵菩薩の大悲があります。本願の大悲です。浄土とは、生死・勤苦の世界に沈む十方衆生に対して、法蔵菩薩の願いによって恵まれた清浄なる荘厳の世界なのです。

「正信偈」の「依釈分」に入ると、浄土は、様々な言葉で表現されています。例えば龍樹菩薩のところでは、「証歓喜地生安楽《しょうかんぎじしょうあんらく》（歓喜地を証して、安楽に生ぜん）」と出ています。この「安楽」というのは浄土のことです。天親菩薩のところでは、「得至蓮華蔵世界《とくしれんげぞうせかい》（蓮華蔵世界に至ることを得れば）」とあり、浄土を「蓮華蔵世界」と示しておられます。曇鸞大師のところでは、「報土因果顕誓願《ほうどいんがけんせいがん》（報土の因果、誓願に顕す）」とあるように「報土」です。報土は本願酬報の土ということです。あるいは、「必至無量光明土《ひっしむりょうこうみょうど》（必ず無量光明土に至れば）」とあるように、「無量光明土」と浄土を表しています。道綽禅師のところでは、「唯明浄土《ゆいみょうじょうど》可通入《かつうにゅう》（ただ浄土の通入すべきことを明かす）」と、「浄土」と表現されますが、同時に「至安養界証妙果《しあんにょうかいしょうみょうか》（安養界に至りて妙果を証せしむと、いえり）」とあるように、「安養界」ということを示されています。善導大師のところには、「即証法《そくしょうほっ》性之常楽《しょうしじょうらく》（すなわち法性の常楽を証せしむ、といえり）」とあり、「法性の常楽」とされています。源信僧都のところでは、「偏帰安養勧一切《へんきあんにょうかんいっさい》（ひとえに安養に帰して、一切を勧む）」とあるように、「安養」です。安らかに私たちを養ってくれるのです。また法然上人のところでは「速入寂静無為楽《そくにゅうじゃくじょうむいらく》（速やかに寂静無為の楽《みやこ》に入《い》ることは）」として、「寂静無為の楽」というように表現されています。このように浄土という仏の世界が、様々な言葉で表現されており、そこに浄土の豊かさが感じられます。

■僧伽の現前

法蔵菩薩は国を棄てて新たに浄土を建立されました。『大経』では「時に国王ましましき」（真宗聖典一〇頁）とあり、その国王は、名が記されていませんが、「無諍念王《むじょうねんおう》」という名です。この名の大切さについては法然上人のご著作を拝読していて気づかされたのですが、法然上人の『三部経大意』では、「阿弥陀如来因位の時、無諍念王と申せし時」（『昭和新修法然上人全集』平楽寺書店、四〇頁）とありますし、『無量寿経釈』においても同様に述べられています。親鸞聖人の書かれたものにも、そうしたことが述べられています。『真宗聖典』には載っていないもので、『曇摩訶菩薩文《どんまかぼさつもん》』というものがありますが、そこでは法蔵菩薩と世自在王仏が、次のように示されています。

　無諍念王出家後《しゅっけしてのち》、法蔵比丘名《となづく》、法処比丘とも申《もうす》。世自在王仏は御師也《おんしなり》。世《せ》饒王《にょうおう》とも申、宝蔵《ほうぞう》如来とも申。

（『定本親鸞聖人全集』第六巻、写伝篇(2)、法蔵館、二二三頁）

この「無諍念王」の「諍」というのは争いということです。つまり「争いなきことを念ずる王」であったということです。国王の果たすべき役割とは、国の民が安らかに、平和に生きるためです。しかし現実には人々の争いは絶えません。争いの絶えない国を、いくら手直ししても争いがなくならない。そのような中で無諍念王は国を棄てるのです。そして阿弥陀仏となって現実の世界とは違う無諍の世界、浄土を人間にもたらそうとされたわけです。

法然上人も無諍の世界への祈りを強くもっておられたと思います。ご承知のように、法然上人は自分の父親を殺されています。父の漆間《うるま》時国《ときくに》公は明石《あかし》定明《さだあきら》という人物に夜討ちされ、殺されているのです。時国公はその臨終にあたって法然上人に言葉を遺しています。

会稽の恥をおもい、敵人をうらむる事なかれ。これ偏に先世の宿業也《なり》。もし遺恨をむすばば、そのあだ世々につきがたかるべし。しかじはやく俗をのがれいえを出で我菩提をとぶらい、みずからが解脱を求《もとむ》にはと言いて、端座して西にむかい、合掌して仏を念じ眠《ねむる》がごとく息絶にけり。

（「法然上人行状絵図」井川定慶編『法然上人伝全集』六頁）

法然上人の家は、代々、押領使《おうりょうし》でした。現代で言えば警察署長のような立場です。法然上人は、そのような家に生まれて、武家の者として育てられました。ですから当然、父親が殺されれば、その敵討ちをしなければいけないのです。しかし法然上人は父の遺言に従います。那岐山《なぎさん》の菩提寺に入り、一筋に修学され、その後、京都に行かれます。その京都では、保元の乱や平治の乱、やがては木曽の大乱が起きます。法然上人は大変な戦乱の世を生きられたのです。まさに闘《とう》諍堅固《じょうけんご》の世です。そのような世を生きられたからこそ、無諍の世界を祈られたのでしょう。そして浄土宗というものを立教開宗されたと思うのです。

争いのない世界を実現していくということは大きな祈りです。この祈りは親鸞聖人にもあります。親鸞聖人はお手紙の中で、「世のなか安穏なれ、仏法ひろまれ」（真宗聖典五六九頁）とおっしゃっています。どのようにすればこの世において安穏が得られるのかというと、仏法によるわけです。これが「仏法ひろまれ」ということです。そこに親鸞聖人の願いがあると思うのです。

■光明と名号

この「仏法ひろまれ」の仏法とは、具体的に言えば、親鸞聖人においては名号ということになります。仏教の八万四千の法門を、「南無阿弥陀仏」の六字名号に摂めたところに、法然上人から親鸞聖人へと続く浄土真宗の意義があります。

「正信偈」には、

五《ご》劫《こう》思《し》惟《ゆい》之《し》摂《しょう》受《じゅ》　重《じゅう》誓《せい》名《みょう》声《しょう》聞《もん》十《じっ》方《ぽう》
普《ふ》放《ほう》無《む》量《りょう》無《む》辺《へん》光《こう》　無《む》碍《げ》無《む》対《たい》光《こう》炎《えん》王《のう》
清《しょう》浄《じょう》歓《かん》喜《ぎ》智《ち》慧《え》光《こう》　不《ふ》断《だん》難《なん》思《し》無《む》称《しょう》光《こう》
超《ちょう》日《にち》月《がっ》光《こう》照《しょう》塵《じん》刹《せ》　一《いっ》切《さい》群《ぐん》生《じょう》蒙《む》光《こう》照《しょう》

(五劫、これを思惟して摂受す。重ねて誓うらくは、名声《みょうしょう》十方に聞こえんと。
あまねく、無量・無辺光、無碍・無対・光炎王、
清浄・歓喜・智慧光、不断・難思・無称光、
超日月光を放って、塵刹を照らす。一切の群生、光照を蒙《かぶ》る)

(真宗聖典二〇四頁)

とあります。この「名声」とは名号のことだと考えられますが、それが光と連続して説かれています。ここから名声と光明の一体性が窺われるわけです。また、「正信偈」には「光明名号顕因縁（光明名号、因縁を顕す）」という言葉もあります。これらから、光は名号にあるということ、また、その名号において光が恵まれるということが教えられます。

親鸞聖人が「世の中安穏なれ、仏法ひろまれ」と言われるその「世の中」とは、闘諍の世であり光なき世です。その光なき世に、どのようにして光を恵まんとするのでしょうか。闘諍の世を無諍の世界へ、あるいは光なき世界を光明の世界へと転じることは、人間の力によってできるものではありません。仏法の力によるしかないわけです。仏法の力によって平和を実現すること、それが「世の中安穏なれ、仏法ひろまれ」ということだと思うのです。

■聖徳太子

仏法の力によって平和を実現しようとした先達として、親鸞聖人がこよなく尊敬した方が聖徳太子《しょうとくたいし》です。親鸞聖人は、太子についてのご和讃を作られており、『三帖和讃《さんじょうわさん》』には十一首入っています。その他にも『皇太子聖徳奉讃《こうたいししょうとくほうさん》』（七十五首）や『大日本国粟散王聖徳太子奉讃《だいにほんこくぞくさんおうしょうとくたいしほうさん》』（百十四首）といった太子和讃が遺されています。聖徳太子が作ったとされる『十七条憲法』の第一条には「和《やわ》らかなるをもって貴し」（真宗聖典九六三頁）とありますし、第二条では「篤《あつ》く三宝を敬え」（同）と出てきます。つまり聖徳太子は、帰依三宝の精神によって、和国たらしめようとしたのです。日本を和国たらしめるために仏法を必要とされたのです。そういうことから、親鸞聖人は聖徳太子を「和国の教主」（「正像末和讃」真宗聖典五〇八頁）と仰いでおられるわけです。親鸞聖人は、仏法の力を信ずる人として、そして仏法の力によって平和の実現を願う先達として聖徳太子という方を尊敬されたのです。

　この仏法の力を信ずる人とは、信心の人のことです。信心の人について、親鸞聖人は次のように言っておられます。

　しかれば、この信心の人を釈迦如来は、「わがしたしきともなり」（大経）と、よろこびまします。この信心の人を「真の仏弟子」といえり。

（『親鸞聖人血脈文集』真宗聖典五九五頁）

信心の人は釈尊から我が親しき友と呼ばれる。どのような家柄の者であれ、どのような社会的な身分の人であれ、あらゆる人々を同朋として釈尊は迎えるということです。そしてその人を真の仏弟子と言うと述べておられます。これは特定の人だけを迎えるという選民思想とは違います。宗教において選民思想はつきものですが、とりわけ大乗仏教は万人救済の宗教です。信心の人となることによって、様々な人々がそのまま同朋、わが親しき友と見出され、自他差別の壁が超えられるというのです。

■浄土の世界

親鸞聖人は『愚禿鈔《ぐとくしょう》』で、元暁《がんぎょう》の著した『阿弥陀経義疏《あみだきょうぎしょ》』から次のような言葉を引用されています。

薄地《はくじ》の凡夫、業惑《ごうわく》に纏縛《てんばく》せられて五道に流転せること百千万劫なり。たちまちに浄土を聞きて、志願して生まれんと求む。一日名《みな》を称すれば、すなわちかの国に超《こ》う。諸仏護念して直ちに菩提に趣《おもむ》かしむ。（真宗聖典四三四頁）

ここに「たちまちに浄土を聞きて、志願して生まれんと求む」とあります。その浄土に生まれる前に、まず私たちは浄土を聞くということが、親鸞聖人によって勧められています。私たちは浄土を見ることはできません。しかし『大経』や『観経』や『阿弥陀経』という浄土の三部経を聞くことによって、教えの言葉を聞くことはできるのです。そのような意味において、「浄土を聞く」という表現は非常に大切だと思うのです。

また「一日名を称すれば、すなわちかの国に超う」とあるように、浄土とは私たちにとって「かの国」です。その「かの国」が、どのような国であるのか。それについて金子大榮先生は、次のようにおっしゃっています。

彼岸の世界――それはわれ〳〵のまだ見ぬ真実の国であり、同時にまた懐かしき魂の郷里である。

（『親鸞教の研究　彼岸の世界』金子大榮選集第四巻、在家仏教協会、二〇三頁）

「魂の郷里」とは、私たちが一般的に了解している浄土のイメージですが、同時に「まだ見ぬ真実の国」であるということなのです。

私たちが住んでいる世界である娑婆について、親鸞聖人は「火宅無常《かたくむじょう》の世界」（真宗聖典六四〇頁）、あるいは「みなもって、そらごとたわごと、まことあることなき」（真宗聖典六四〇～一頁）とおっしゃっています。つまり真実のない世界、不実の国です。そのような娑婆の国に生まれ、それと対応して、真実の国として浄土が建立されているのです。

しかし真実の国である浄土と、不実の国である娑婆は対立するものではありません。浄土はどのようなことがあっても迎えられるわけですから、娑婆と対立するのではなく対応、あるいは照応するのです。

そのことを描いているのが、『大無量寿経』の「智慧段」です。阿難尊者が釈尊の教えを聞いていると、釈尊は「汝、起《た》ちて更に衣服《えぶく》を整え合掌恭敬《くぎょう》して、無量寿仏を礼《らい》したてまつるべし」（真宗聖典七九頁）とおっしゃっています。そして阿難尊者は浄土を拝見します。「この会《え》の四衆、一時にことごとく見たてまつる。

彼《かしこ》にしてこの土を見ること、またまたかくのごとし」（真宗聖典八〇頁）と説かれます。つまり阿難が、いわゆる浄土の僧伽の四衆（比丘《びく》・比丘尼《に》・優婆塞《うばそく》・優婆夷《うばい》）を拝見すると、浄土の四衆もこちらを見ていたということです。

この光景に感激した方として、鈴木大拙《すずきだいせつ》先生がいます。大拙先生は、浄土と娑婆が照らし合うという『大経』のこの一節に大きな関心をもたれて、「極楽と娑婆」という論文に次のように述べています。

> 真実の信心が獲得せられて、ここに浄土の真風光を見る。（中略）娑婆と浄土との相互映発性をこの意味で了解すべきであろう。
>
> （『浄土教系思想論』岩波文庫、三三二頁）

ここで述べられている「相互映発性」とは、合わせ鏡のようなものだと思うのです。例えば、二つの鏡の間に蝋燭を立ててみると、その蝋燭が無限に映っていきます。信心の人とは、火の灯った蝋燭のようなものだと思います。娑婆と浄土の間に立って照らし合わせるのです。浄土において娑婆を見て、娑婆において浄土を見る、そのような関係性が相互映発性の内容ではないかと思います。言わば境界線に立つということだと思うのです。信心において、娑婆と浄土というものの境界線に立ち、娑婆にいる自分が浄土に照らされるということなのでしょう。

■出世本懐

如来所以興出世　唯説弥陀本願海
五濁悪時群生海　応信如来如実言

（如来、世に興出したまうゆえは、ただ弥陀本願海を説かんとなり。五濁悪時の群生海、如来如実の言《みこと》を信ずべし）

（真宗聖典二〇四頁）

には、出世本懐《しゅっせほんがい》が説かれています。そもそも経典は「仏説」と言われ、そこに釈尊の本懐が説かれているのですが、出世本懐として有名であるのは『法華経《ほけきょう》』この『法華経』のもっている大切な意味は、一乗《いちじょう》の思想を説いていることです。そこには、声聞《しょうもん》と縁覚《えんがく》の二乗《にじょう》も成仏できることが説かれています。いわゆる二乗作仏《さぶつ》です。天台宗は『法華経』を最高の真理としています。そのことを親鸞聖人も比叡山において学んでおられます。

しかし親鸞聖人はその比叡山を出られて、法然上人のおられた吉水《よしみず》に向かわれました。そこには様々な理由があると思いますが、その一つは自らが凡夫であるということを自覚され、そしてその凡夫を救おうとする万人救済の道である浄土の三部経を見出されたからです。その中でも、阿弥陀仏の本願の名号をもって、群萠を拯《すく》うということを説く『大無量寿経』が、釈尊が世に出られた本懐であることを見出されたことが重要だと思います。『大無量寿経』の「序分」には、

如来、無蓋《むがい》の大悲をもって三界を矜哀《こうあい》したまう。世に出興したまう所以《ゆえ》は、道教《どうきょう》を光闡《こうせん》して、群萠を拯《すく》い恵むに真実の利をもってせんと欲《おぼ》してなり。

（真宗聖典八頁）

とありますが、親鸞聖人はこの言葉を、出世本懐を証するものとされています。親鸞聖人は『大無量寿経』を出世本懐の経として見出されたのです。

天台宗では、法華一乗の精神をもって世を救おうとします。そこには『法華経』の精神、言わば大乗仏教の精神があります。そこで比叡山では菩薩を国宝と呼び、世を救うために菩薩道を歩む人を養成するのです。そのような願いによっ

て開創されたのが、一乗止観院《しかんいん》という寺として始まった延暦寺《えんりゃくじ》です。

しかし法然上人は、そのような菩薩道を歩むということが、いかに困難であるか、身をもって知るのです。同時に、世を救うのではなくて、世と共に自ら救われる立場に転換されます。自らが救う立場ではなくて、世と共に救われていくという立場に転換したのが、法然上人の教えでした。そのことを、法然上人が自らの師と仰いだ善導大師は、「五乗斉入《ごじょうさいにゅう》」と述べておられます。これは『教行信証』「真仏土巻」に引かれている『観経疏《かんぎょうしょ》』の言葉です。

「もし衆生の垢障《くしょう》を論ぜば、実に欣趣《ごんしゅ》しがたし。正《まさ》しく仏願に託するによって、もって強縁《ごうえん》と作《な》りて、五乗斉《ひと》しく入らしむることを致《いた》す」と。

（真宗聖典三二〇頁）

この五乗斉入とは、五乗、つまり人乗、天乗、声聞乗、縁覚乗、菩薩乗が斉しく入っていくことです。この五乗斉入の教えを、親鸞聖人は「海」という言葉で表現しておられるのです。つまり、「如来所以興出世　唯説弥陀本願海　五濁悪時群生海　応信如来如実言」という「正信偈」の言葉において、親鸞聖人の同朋思想を見ることができるのです。

その同朋思想の根源には本願の成就があり、本願の成就において建立された浄土があります。その浄土には、あらゆる人々が迎えられます。このことについて「証巻」に引かれている曇鸞大師の『浄土論註《じょうどろんちゅう》』の言葉があります。

かの安楽国土は、これ阿弥陀如来正覚浄華の化生するところにあらざることなし。同一に念仏して別の道なきがゆえに。遠く通ずるに、それ四海の内みな兄弟とするなり。眷属《けんぞく》無量なり。いずくんぞ思議すべきや。

（真宗聖典二八二頁）

ここで、いわゆる四海同朋の世界が述べられています。法然上人も同朋という言葉を用いられますが、親鸞聖人は「同朋」あるいは「御同行」という言葉を積極的に用いておられます。さらに蓮如上人は、このような朋という言葉を真宗の大切な人間観として掲げられました。蓮如上人は、『御文』の中で、同朋を呼び捨てにすることなく、「御」の一字を付けて、「御同朋」、あるいは「御門徒」とされています。この「御」の一字は単なる敬称でなく、仰ぐべき尊い存在という意味であると思います。これは一人ひとりがかけがえのない存在であるということです。

先ほど浄土を「無諍の世界」と言いましたが、その浄土へ生まれるということは、如来の僧伽に生まれるということです。つまり、浄土を別の言葉で言えば「如来の僧伽」なのです。

■僧伽的人間

私たち自身の日々の関心がどのようなものであるかと言うと、自他を分別し、自他を差別するという自我意識にとらわれるという自我的な関心に立っているわけです。しかし念仏者になるということは、そのような自我意識が破られていき、そこに「共に」という世界が見出されてくることであると思います。

その世界は、西洋的な意味での平等思想とは異なるものがあるように思います。私たち日本人は、近代に入り西洋の思想を学び、近代的自我の洗礼を受けましたが、西洋的な自我は個人主義を生み出しました。その中にはエゴイズムを伴っているように思います。近代の日本人は、そのエゴイズムを個人主義として受け入れ、公《おおやけ》なる意義を見失ったように思います。

同朋会運動では「家の宗教から個の自覚の宗教へ」と表現しましたが、この場合の「個」とは、孤立的「個」ではなく、仏法の共同体に生きる宗教的「個」です。この仏法の共同体が僧伽です。これについて安田理深先生は、

サンガというのは一人ではサンガにはならないのです。サンガはやはり今日でいう共同体です。（中略）キリスト教の方では、ecclesia（教会）ということばがあるのですけれど、まあ、それに相当するのが仏教でいえばサンガでしょう。

（『荘厳と回向』文栄堂、一〇九〜一一〇頁）

とおっしゃっています。念仏に開かれる共同体が僧伽なのです。その僧伽とは、出家者だけではなく、すべての人に開かれています。その意味において同朋僧伽と言ってもいいと思うのです。

しかしながら私たちの宗門には、様々な面において社会的な差別をしてきた負の歴史があり、そのままでは決して同朋僧伽とは言えません。私たちは同朋僧伽

に生きる人間とならなければいけないのです。そのような僧伽に生きる人間を、安田先生は「僧伽的人間」という言葉で呼んでいるわけです。この僧伽的人間とは、どのような人間なのかと言うと、個人的関心に死んで、仏法の共同体に生きる人です。そのような僧伽的人間として生きるということに、私たちの出世本懐があるのだろうと思います。

また同朋ということについて清沢満之《きよざわまんし》先生は、次のように述べておられます。

吾人は吾人のみならず一切衆生が吾人と同く彼の光明の摂取中にあることを信ずるなり。（中略）吾人は同朋間の同情を大要義と信ずるなり。同情は吾人に争闘を許さざるなり。

（「他力信仰の発得」『清沢満之全集』第六巻、岩波書店、二一二頁）

同朋という言葉がほとんど形骸化した近代の初頭、清沢先生は「如来光明中の同朋」という言葉を積極的に用いているのですが、この同朋の概念はかなり広がっていると思います。一般的に同朋というと、仲間であり、特に念仏の同行ということになるのですが、清沢先生はあらゆる人が同朋であると言います。念仏を申す者も、念仏を申さない者も、念仏者から見れば、あらゆる人が同朋となるのです。同朋の概念が非常に広くなっていることが窺われます。

清沢先生が生きたのは明治時代であり、まだ封建的な考え方が主流です。そのような明治時代の日本において、「吾人は同朋間の同情を大要義と信ずるなり。同情は吾人に争闘を許さざるなり」と述べたのは、あらゆる争いを否定しているということです。あらためて清沢先生の言葉に目を瞠《みは》らされます。

この清沢満之先生を宮谷法含《みやたにほうがん》師は再評価しました。「清沢先生の四十年の生涯というのは僧伽の祈りだった」と、こういうことを言っておられます。同朋会運動を提起した人のもとに、清沢先生がおられるということは、注意すべきであると思います。

同朋会運動の始まりの頃、つまり親鸞聖人の七百回御遠忌の時は、まさに戦後の日本という国があらためて立ち上げられた時でした。国を失い、願いを忘却した人々の祈りが、「彼の国」という浄土を求めずにいられない気運となった、そして同朋会運動が起こされた、と言う方もいます。つまり同朋会運動とは、単なる仲間づくりの運動ではなく、浄土を私たちが帰るべき国土として、そしてその浄土を真宗として、生活の中に見出していこうとする運動として発足したのだと思われます。

　敗戦した日本がこれからどのようにあるべきなのかを西田幾多郎《にしだきたろう》という方が、「場所的論理と宗教的世界観」という最晩年の論文で模索しています。その結論において「国家とは、此土に於て浄土を映すものでなければならない」（『西田幾多郎全集』第十一巻、岩波書店、四六四頁）と述べています。つまり国家の理想を浄土に求めているのです。この「浄土を映す」とは、娑婆の国家が浄土の荘厳をとおして、襟を正されて、また方向づけられるということではないかと思うのです。そのような光明をもたなければ、いわば国家が暴走していくことになる。それを非常に経験的に実感して、そのようなことを述べられたのだろうと思うのです。そのような意味では、浄土は指標となります。私たちの宗門において発足した同朋会運動も、浄土を指標として、私たちが歩む信仰運動であると思うのです。

　現在、平和憲法が否定され、日本は兵戈無用《ひょうがむよう》の国から兵戈有用の国になっていこうとしているのではないでしょうか。流れとして日本が戦う国になっていくということがあります。そのような流れの中で浄土真宗は、いったい何を説くのでしょうか。浄土は無諍の世界であると言えます。浄土真宗とはその無諍の世界を旗印としている宗教であり、その意味を考えさせられます。

第四章　親鸞の仏教史観

■七高僧

今回は、「正信偈」の次の文を中心に学びたいと思います。

印度西天之論家　中夏日域之高僧

顕大聖興世正意　明如来本誓応機

（印度・西天の論家、中夏・日域の高僧、大聖興世の正意を顕《あらわ》し、如来の本誓《ほんぜい》、機に応ぜることを明かす）

（真宗聖典二〇五頁）

まずこの四句は、「依経分」に続く「別讃」の文で、これ以降が「依釈分」に当たります。ここでは釈尊に始まりインド・中国・日本と、三国に伝えられてきた浄土真宗の歴史が説かれています。浄土真宗の歴史を代表する七名の方がおられるということです。そのうち龍樹菩薩・天親菩薩・曇鸞大師を上三祖と言い、道綽禅師・善導大師・源信僧都・源空（法然）上人を下四祖と言っています。

まず上三祖についてです。龍樹菩薩がどのように『大経』と関わるのかということは、いま一つはっきりしないところもありますが、『十住毘婆沙論《じゅうじゅうびばしゃろん》』は『大経』の教えの意義を明らかにしたものとして読まれています。また天親菩薩は『無量寿経優婆提舎願生偈《むりょうじゅきょううばだいしゃがんしょうげ》』(『浄土論』)という偈文をお書きになっており、曇鸞大師がそれを註釈して『無量寿経優婆提舎願生偈註』(『浄土論註』)を記されています。言うまでもなく、この『無量寿経』とは『大経』のことです。

下四祖についてはどうでしょうか。道綽禅師は『観無量寿経』を数多く講じ、また『安楽集《あんらくしゅう》』という『観無量寿経』の解釈書を書いておられます。また善導大師は、『大経』の教えを受けながら、『観無量寿経疏』という『観無量寿経』の注釈を書いておられます。源信僧都や法然上人は、直接『観経』を注釈しておられませんが、特に源信僧都の『往生要集』を見ると、『観経』が非常に大きな意味を占めていることがよくわかります。引用回数も『観経』の方が『大経』よりも多いです。法然上人も本願を説いた『大経』を大切にしているのは言うまでもないことですが、全体としては三経に依っています。けれども特に『観経』に依っているということが言われています。このように、道綽禅師、善導大師、源信僧都、源空上人において『観経』のもつ意味が非常に大きなものであることがわかります。ただし、その全体は実は『大経』に包まれているということです。親鸞聖人はこうした立場で「正信偈」において七祖をお書きになっているのです。

■親鸞の歴史意識―末法の自覚

そのように七祖の方々が歴史上に現れて、真宗を伝えてこられたわけですが、それは平坦な道ではありませんでした。仏教そのものが危機にさらされる時もあり、その中で仏教の本当の意味が求められたのです。時は末法であり、機は凡夫であるということで、そのような二重の危機意識の中で、真宗が伝えられてきたのです。親鸞聖人は『教行信証』「化身土巻《けしんどのまき》」で、次のようにおっしゃっています。

しかれば穢悪《えあく》・濁世の群生、末代の旨際《しさい》を知らず、僧尼の威儀を毀《そし》る。今の時の道俗、己《おのれ》が分《ぶん》を思量せよ。三時教を案ずれば、如来般涅槃《はつねはん》の時代を勘《かんが》うるに、周の第五の主、穆王《ぼくおう》五十一年壬申《みずのえさる》に当れり。その壬申より我が元仁《げんにん》元年甲申《きのえさる》に至るまで、二千一百八十三歳なり。また『賢劫経《げんごうきょう》』・『仁王経《にんのうきょう》』・

『涅槃』等の説に依るに、已《すで》にもって末法に入りて六百八十三歳なり。

（真宗聖典三五九～三六〇頁）

私たちがどのような時代に生きているのかというと、「末代」という時代に生きているということです。そして「僧尼の威儀を毀る」とありますから、仏教そのものが危うい情況になっているということです。続いて「今の時の道俗、己が分を思量せよ」とあります。自分がどういうところにいるかを考えなさいということです。そして「三時教を案ずれば、如来般涅槃の時代を勘うるに、周の第五の主、穆王五十一年壬申に当れり」とあります。この「三時教」とは、正像末の仏教史観です。「穆王五十一年」とは紀元前九四九年と言われていますから、釈尊の入滅は中国の周の時代にまで遡ります。親鸞聖人は、「我が元仁元年」（一二二四年）という年を算定にあたって記しておられます。この年は親鸞聖人が『教行信証』をお書きになった年とされており、浄土真宗にとって立教開宗の年でもあります。その年は釈尊が入滅されて二千年以上が経ち、末法に入っているということです。

仏教の歴史観は諸説ありますが、正法《しょうぼう》五百年あるいは千年、像法《ぞうほう》千年、末法《まっぽう》一万年という正法・像法・末法という見方が一般的です。また「五五百歳」あるいは「五箇五百歳」と言いまして、解脱堅固《げだつけんご》五百年、禅定《ぜんじょう》堅固五百年、多聞《たもん》堅固五百年、多造塔寺《たぞうとうじ》堅固五百年、闘諍《とうじょう》堅固五百年という見方もあります。闘諍堅固というのは、争いが非常に盛んであるということです。それに符合するように当時は大変世の中が乱れ、戦乱が絶え間なくありました。日本では正像二千年説が採られて永承七（一〇五二）年が末法第一年とされ、その年に、平等院の鳳凰堂が建立されました。

そのように正像二千年説というのが一般的なのですが、親鸞聖人ご自身は「末法に入りて六百八十三歳なり」とおっしゃっていることから、ここでは正法五百年、像法千年の説を用いていたことが窺われます。

■末法の内在化

末法について親鸞聖人は次のようにおっしゃっています。

しかれば、いまこの世を如来のみのりに末法悪世とさだめたまえるは、（中略）この世のひとは、無実のこころのみにして、浄土をねがうひとは、いつわりへつらいのこころのみなりときこえたり。

（『唯信鈔文意』真宗聖典一〇七五～六頁）

これは『唯信鈔文意《ゆいしんしょうもんい》』の流布本にあるもので、『真宗聖典』の本文ではなく、注に掲載されている箇所です。ここで親鸞聖人は、末法として闘諍堅固、争いが絶えないというような外側を見ておられません。むしろ「この世のひとは、無実のこころのみ」ということで、どこまでも人間の虚仮不実であること、つまり人間がもっている内在的な罪悪性を見ておられるのです。それが末法というものを生み出しているということです。末法を外在的なものとして見るのではなく、末法が内在化されているわけです。親鸞聖人は一貫して、人間の罪悪性によって時代が悪くなると見ておられるのです。さらに親鸞聖人は末法史観を『教行信証』「化身土巻」と、「正像末和讃」の上に追究しておられますが、末法を主体的に受け止めておられます。末法を主体化されているのです。親鸞聖人は末法を歴史意識としてもつとともに、それをわが内なる末法と見ておられるわけです。

このような末法史観は、浄土教史観の前提になるものです。それによって起こる末法の自覚は、浄土真宗に転入せしめる契機になります。末法の自覚をとおして、浄土真宗が立ちあらわれるのです。親鸞聖人は末法によって浄土真宗があらわれるというような歴史観をもっておられたわけです。親鸞聖人にとって時代の末法性を見つめることは、そのまま浄土真宗の興隆をより深く確信することだったのです。その確信のもとで真宗興隆の歴史的事業に自ら参加するということがあったわけです。

そして浄土教史観では、歴史をどのように見ているかというと、本願のはたらく場として見ています。その意味で浄土教史観は、「本願史観」と言ってもいいと思います。さらに言えば末法史観は釈尊から始まり、本願史観は阿弥陀仏から始まるという違いがあるのです。親鸞聖人は次のように言っておられます。

信《まこと》に知りぬ、聖道の諸教は、在世正法《ざいせしょうぼう》のためにして、まったく像末・法滅の時機にあらず。すでに時を失し機に乖《そむ》けるなり。浄土真宗は、在世・正法・像末・法滅、濁悪の群萠、斉《ひと》しく悲引したまうをや。
（『教行信証』「化身土巻」真宗聖典三五七頁）

「聖道の諸教は、在世正法のためにして」ということは、自力聖道門の諸教は釈迦在世、および滅後五百年、衆生の機根《きこん》の優れた時代にのみ相応するということです。ところが像法や末法という、機根の劣った時代には相応しないのです。ましてや法滅の時代では間に合わないわけです。ところが浄土真宗は、在世・正法・像末・法滅という時代に一貫して、濁悪の群萠を平等に悲引するというのです。

浄土真宗が興隆するということについて、児玉暁洋《こだまぎょうよう》先生は次のようにおっしゃっています。

三国の七高僧はどういう用《はたら》きをされたかというと、如来の本願が歴史的・社会的現実の中で生きる人間の問題（機という）に応えて、その時代その社会に自らを表現する、その〝機〟となられたのだ、と。本願が自らを表現する時には人が要る、人を通して表現する。三国の七高僧は一貫して本願の機となって、そのはたらきを行ぜられたのだ、と。そういうことがあるのです。蓮如上人が初めて〝お文〟を書かれるその丁度一年前に『正信偈大意』をお書きになっている。だから、やはり、蓮如上人自身がそういう本願の歴史の流れの中で〝お文〟を書いておられる。そういうふうに見るのが正しい。

(『清沢満之に学ぶ―現代を真宗に生きる―』樹心社、二〇四頁)

ここで述べられているのは浄土真宗の興隆には、三国七高僧による伝灯やはたらきがあったということです。本願の機になった人が三国の七高僧であるということです。また『正信偈大意』とは、金森の道西に求められて蓮如上人が「正信偈」の概要をお書きになったものですが、「正信偈」には、本願史観が述べられており、蓮如上人自身も本願の歴史に自ら参加して、『御文』をお書きになったのです。言ってみれば蓮如上人自身が本願の機となったわけです。

■歴　史

一般的に言えば歴史とは、事実を叙述する「世俗史」です。私たちが学校で習う歴史です。それに対して「宗教史」があります。それは宗教が時代の中で生きていく意味を見ていくというものです。宗教史の考え方としては、宗教的真理の開顕という立場から歴史を見ていくということです。

ドイツでは、世俗的歴史観を「ゲシヒテ（Geschichte）」、宗教的歴史観を「ヒストリエ（Historie）」と分けて使うことがあるようです。その場合、このヒストリエという宗教的歴史観は、かなり物語性をもちます。キリスト教も一つの物語で語られます。神が歴史を作り、イエス・キリストがその中に現れるのです。そこから数えると今年は二〇一五年になる、そのように時間の流れを見ていくわけです。これがキリスト教の歴史観です。どのような民族でもそのような歴史観をもつのでしょう。『古事記』などを見ていても、国産みの神話が出てきますが、それが皇国史観にも繋がるわけです。

仏教における末法史観もそうです。釈尊が現れて、そこから時代がだんだん悪くなっていくという一つの物語です。このような歴史をとおして、浄土真宗では、阿弥陀如来が現れます。そして釈尊が阿弥陀如来の本願について出世本懐で説かれ、そこから歴史が始まって七高僧が出てきたと「正信偈」では歌われています。これは、浄土真宗の物語、歴史観です。あらゆる宗教的歴史は目的をもっていますが、浄土真宗においては本願の成就が目的です。

浄土真宗の灯が伝わる上で、どのような人々が現れてきたのか、そのことを親鸞聖人は七高僧をもって説かれるわけですが、法然上人もまた、浄土宗の血脈について様々な人を挙げておられます。例えば『選択集』には、菩提流支三蔵《ぼだいるしさんぞう》・曇鸞法師・道綽禅師・善導禅師・懐感《えかん》法師・小康《しょうこう》法師を挙げておられます（『真宗聖教全書』第一巻、九三三頁参照）。別な見方もありますが、ここでは師資相承《ししそうじょう》を血脈相承と言っているのです。歴史の中に本願の血が流れていくのです。

この相承には、直接的な相承と間接的な相承があると思います。直接的な相承は口伝相承とも言われます。口伝相承については、『歎異抄』に「先師の口伝の真信に異なることを歎《なげ》き」（真宗聖典六二六頁）とありますし、覚如上人には『口伝鈔』という書物があります。また間接的な相承は経巻相承です。直接的に面授があって口伝されるということではなく、いわば書物をとおして伝わっていくということです。法然上人は主に中国を中心に相承を語られますが、親鸞聖人は、インド・中国・日本と、広い視野で見ておられます。

■念仏の僧伽の歴史的展開

浄土真宗は『大無量寿経』において、釈尊が阿難尊者に、自らの出世本懐を語ったことに始まります。ここに浄土真宗の歴史的な基点があります。同時にそこには「大比丘衆、万二千人と倶《とも》なりき」（真宗聖典一頁）、「また大乗のもろもろの菩薩と倶なりき」（真宗聖典二頁）と説かれるように、多くの聴衆がいて、釈尊の教えを聞いていています。阿難尊者は、いわば聴衆の代表者です。その代表者として阿難尊者が釈尊のお話を聞かれるのです。つまりそこには一つの僧伽があったのです。そこで皆が念仏の教えによって立ち上がっていかれるのです。念仏の僧伽もそこにおいて始まったと言えると思います。その意味において、『教行信証』「行巻」の標挙《ひょうこ》の文に「諸仏称名《しょぶつしょうみょう》の願　浄土真実の行　選択《せんじゃく》本願の行」（真宗聖典一五六頁）とありますが、「行巻」には、念仏の僧伽の歴史的な展開が述べられているのです。

私たちにとっては、親鸞聖人が浄土真宗を開かれたわけですが、親鸞聖人からすると、

忝《かたじけな》く彼の三国の祖師、各《おのおの》此《こ》の一宗を興行《こうぎょう》す。所以《このゆえに》、愚禿《ぐとく》勧《すすむ》るところ、更にわたくしなし。

（『本願寺聖人伝絵』真宗聖典七三五頁）

ということがあるのです。つまり、インドにおいては龍樹菩薩・天親菩薩が、また中国においては曇鸞大師・道綽禅師・善導大師が、さらに日本においては源信和尚・源空（法然）上人が、それぞれに浄土真宗を開顕されたと見ておられるのです。その七祖のそれぞれが、一宗を興行したというのです。如来の本願が、現実の中で生きる人間の問題に応えて、時代や社会に自らを表現するのです。言わば七祖の方々は、本願の開顕者であり、本願の体現者であるということです。さらに「愚禿勧むるところ、更にわたくしなし」とおっしゃっているように、親鸞聖人はその七祖の教えを私心なく伝えられたのです。

「愚禿釈親鸞」という名のりもまた、個人的なものではなく歴史的なものです。

「釈」とは釈尊です。親鸞の「親」とは天親菩薩であり、「鸞」は曇鸞大師です。つまり「愚禿釈親鸞」とは、自ら愚禿となり、仏弟子となり、天親菩薩・曇鸞大師の伝統を引く者であるということです。この名のりには公《おおやけ》なるものがあります。個人としての名のりではなく、歴史を生きる者としての公なる自己が名のられているのです。本願の歴史を自ら担ってこの世に名のられているのです。それは僧伽の歴史に立つということです。本願の歴史とは僧伽の歴史なのです。

■曽我量深の仏教史観──『七祖教系論』

その本願の歴史を担った人として親鸞を仰ぎ、そこに浄土真宗の開顕の意義を見定めた人物として、曽我量深先生が思い出されます。曽我先生は近代を代表する教学者ですが、初期の頃から、歴史に深い関心を抱いておられました。曽我先生の後期を代表する著作は、『親鸞の仏教史観』ですが、初期の著作として『七祖教系論』があります。今、近代教学は批判の対象にもなっていますが、曽我先生の師である清沢先生は近代教学の牽引者であり、言わば近代教学の祖です。その清沢先生のお亡くなりになって間もない年に出された『七祖教系論』の中で曽我先生は次のようにおっしゃっています。

我が祖聖人《わそ》の浄土真宗は、『広文類』教巻の劈頭《へきとう》に於て言明《げんめい》し給えるが如く、正しく『大無量寿経』に淵源《えんげん》することは言を俟《ま》たない。されどもこの究竟《くきょう》一乗《いちじょう》の真教が二千余年の間、全くその勢力を隠蔽《いんぺい》し、我が祖聖人に依りて突如として興起《こうき》したとは考うることが出来ない。即ちこの真実教を所依《しょえ》とする所の真宗は我が祖以前、印度支那日本の三国に於て、七箇の祖師に依り、七度開闢《かいびゃく》せられたのである。

（「七祖教系論」『曽我量深選集』第一巻、彌生書房、七頁）

「印度支那日本の三国に於て、七箇の祖師に依り、七度開闢せられた」とありますが、これは明らかに『御伝鈔』の「三国の祖師、各此の一宗を興行す」という言葉を背景に書いておられます。曽我先生もこの浄土真宗の歴史的な伝承を、釈尊・三国七高僧の上に辿っておられるわけです。浄土真宗の歴史観と言えば末法史観であるわけですが、『大無量寿経』とその伝承の上に歴史を見ていくのです。『教行信証』では「教巻」と「行巻」は本願の歴史が説かれており、「化身土巻」では末法史観に立って本願の歴史に入っていくことが述べられています。その「教巻」と「行巻」に浄土真宗の歴史の流れを見るのは、曽我先生によって始まったと言ってもいいかもしれません。

この「歴史」という言葉そのものは、近代的な言葉であろうと思います。曽我先生は、そのような近代の概念によって浄土真宗の相承の意義を尋ねていかれました。そのことに曽我先生の歴史観のもつ大きな意味があると思います。

■『親鸞の仏教史観』

曽我先生は昭和十（一九三五）年に『親鸞の仏教史観』をお書きになりました。折々に曽我先生は画期的な論を展開しておられますが、なぜこの時期に『親鸞の仏教史観』を明らかにされたのか、その意味も考えてみる必要があると思います。

昭和前期が大変な時代であることは言うまでもありません。当時、皇国史観がありました。いわゆる天皇中心の歴史観です。そして唯物史観があります。プロレタリアート（労働者階級）中心の歴史観です。またキリスト教、『聖書』の歴史観があります。イエス・キリストを中心とした歴史観です。他にも色々とあると思いますが、若い人たちがこのような様々な歴史観をもつことがあったのです。その中で日本の政府が率先して創造したのが、皇国史観だったわけです。

そのような中にあって仏教がどのような歴史を考えるのか、そういうことで、曽我先生は『親鸞の仏教史観』を考えられたのです。この『親鸞の仏教史観』では、直接それらにふれているわけではありません。しかし、私はどうも背景に時代情況があったのではないだろうかと思うのです。その中で、曽我先生は次のように述べておられます。

親鸞に依れば親鸞自身迄二千年、仏教二千年の歴史、今日では所謂《いわゆる》三千年の歴史、此仏教の二千年乃至三千年の歴史、それの根幹は何であるか。それは『大無量寿経』である。親鸞に依れば仏教史の根幹は『大無量寿経』である。仏教の歴史は『大無量寿経』流伝《るでん》の歴史である、三千年の仏教歴史は『大無量寿経』の流伝史である。『大無量寿経』を根幹としての仏の道、仏道と云うものが歩み歩んだ歴史的展開、即ち仏道と云うものが歩を進めたものである。其《その》道が歩む事に依ってそこに人類が救われたのである。

（「親鸞の仏教史観」『曽我量深選集』第五巻、彌生書房、四一八〜九頁）

この歴史観は一面において、西洋的あるいは唯物史観的な見方に対応したものでもあるのです。例えば近代に成立した仏教学において、「原始仏教から始まり部派仏教となり、そして大乗仏教になった。その大乗仏教の中でも様々な経典が説かれ、歴史の中で伝播した。だから仏教の伝統の原点は原始仏教である」というようなことも言われていたのです。

近代になって西洋の仏教研究の影響を受けた当時の仏教学では、仏教の価値や基準を原始仏教に見て、中国仏教や日本仏教を亜流と見なすというようなことがあったのです。ところがそれに対して曽我先生は『親鸞の仏教史観』において、独創的な歴史解釈を発表したわけです。その中で仏教的な伝統とは何かということを、根本的に問われているのです。そこでは、西洋の実証的な研究に基づく近代仏教学の発展的な仏教史観を根本的に批判されています。言ってみれば三国仏教史とは、仏道円成《えんじょう》の歴程であり、宗教的な真理が開顕された歴史であるということです。インド・中国・日本それぞれの場所において、宗教的真理が明らかになったのです。そのような歴史観に立って『大無量寿経』の歴史観を明らかにされたわけです。そのような意味において、曽我先生は僧伽の伝統に立っておられた人であると思います。そのような視点から人間を見ることについて、次のようにおっしゃっています。

仏教においては自分自身を歴史的存在として見るのでありまして、仏教は個人の問題を解決する、それに違いありませんが、しかしその個人は単なる個人ではなく、歴史的個人であります。歴史を離れて個人なく、また個人を離れて歴史もありません。

（「教行信証内観」『曽我量講義集』第四巻、彌生書房、二一〇頁）

曽我先生は親鸞の仏教史観に立って、人間を「歴史的個人」として見るのです。浄土真宗の立場に立った人間観です。人間を個別的に見るのではなく、歴史的存在者であるというのです。その歴史が意味をもつわけです。個人の救いだけを求めることになれば、歴史という広がりはもたないわけです。西洋史観であれば、神の国の実現という目的をもちます。唯物史観であればプロレタリアートを解放して、一つのユートピアを完成するという目的をもちます。そのような意味において歴史的個人と言うのです。人間は単なる人間ではなく、歴史的個人であるということです。

例えば親鸞聖人が親鸞と名のられたのも、言わば天親菩薩・曇鸞大師の教えに従う者として、本願の歴史に参加するという意味があります。宗教そのものは「一人の救い」であるわけですが、しかしその「一人」とは僧伽と離れているわけではないのです。そうでなければ仏法僧の僧に帰依するという意味がはっきりしません。仏に帰依し、法に帰依すると言うけれども、同時に仏教は僧に帰依するということがあるわけです。

そのように人間を歴史的存在として見ることは大切です。それはまた、僧伽の一員として見ていくということでもあるのです。近代教学の開顕者である安田理深先生は、次のようにおっしゃっています。

仏弟子といえば僧である。ただ個人的なものではない。仏教の人間は抽象的な人間でなく、僧伽的人間が仏教の人間である。仏弟子は、個人的存在ではなく、歴史的な存在である。

しかし歴史といっても法の歴史である。仏法の歴史というものも、人間がなければ成り立たないが、といってまた人間がつくる歴史ではない。仏法の歴史は、人間を機として成就する法の歴史である。

（『親鸞の宗教改革―共同体―』安田理深講義集第五巻、彌生書房、一九六頁）

ここでは僧と法について述べられているわけですが、内容としては帰依三宝について述べられているのではないかと思います。これは明らかに曽我先生の仏教史観を承けておられます。

帰依三宝ということで言えば、私たちが折にふれ拝読する「三帰依文」には「この身今生において度せずんば、さらにいずれの生においてかこの身を度せん」とあります。私たちは流転《るてん》の中にいるのです。帰依三宝がなければ自己存在というのは流転なのです。その流転の中にある人間が、三宝に帰依するのです。帰依三宝において自己が意味づけられるのです。

仏法僧の僧とは、僧伽に帰依するということです。僧伽のない仏教は存在しないのです。僧伽なき信仰ということはあり得ないし、僧伽なき仏教というのは観念であると思います。もちろん教団が、そのまま僧伽ではないわけですが、教団とは僧伽の願いを具現する場所であると言えると思います。

■歴史をどう考えるか

先ほど近代の西洋的な仏教史観についてふれましたが、親鸞聖人の仏教史観は、近代の実証的な仏教史観とは異なるものです。

西洋の歴史観に影響されたとは言えないと思うのですが、日本においては富永《とみなが》仲基《なかもと》（一七一五〜一七四六）が近代的な仏教史観に似た説を唱えました。富永は江戸時代の人で、非常に若くして亡くなりました。富永仲基は実証主義に立って「加上《かじょう》説」を唱えました。仏教とは、もともと核になるものは小さいものであり、時間の流れの中でそれが雪だるま的に膨らんできたというのです。上に加わっていくということです。だから大乗非仏説論を唱えたわけです。釈尊が説いた言葉は、そのまま伝わっているわけではなく、正確には残っていないので、大乗仏教は釈尊が説いたものではないというのです。確かに実証的な仏教史観に立つとそうなるのです。しかしながら、宗教的真理の開顕という視点に立つと、釈尊の自《じ》内証《ないしょう》、つまりさとりの世界が語られているわけです。『大無量寿経』もそのような意味において説かれているということになります。

仏教の歴史性は、釈尊の歴史性から考えなければならないわけです。しかし浄土真宗では、釈尊の出世本懐である『大無量寿経』が説かれた時から、どのような歴史が流れてきたのかという考え方に立ちます。そこにおいて自己や現在地というものが確かめられるのです。歴史観とは、いま、自分がどのような時を生きているのかという現在地の確かめなのです。そこに自分の存在している意味が見出されてくるということです。『大無量寿経』の本願の歴史において、自分が立っている場所というものが明らかになってくるということなのです。

今回は、そのことを「正信偈」の「印度西天之論家　中夏日域之高僧　顕大聖

興世正意　明如来本誓応機」という言葉において確かめさせていただきました。

第五章　僧伽

■世俗的価値優先の時代

次に、「正信偈」の「結讃」にある次の文を手掛かりにしながら、僧伽について学びたいと思います。

弘経大士宗師等　拯済無辺極濁悪
道俗時衆共同心　唯可信斯高僧説

（弘経の大士・宗師等、無辺の極濁悪を拯済したまう。道俗時衆、共に同心に、ただこの高僧の説を信ずべし、と）（真宗聖典二〇七～八頁）

「正信偈」は日常の生活において、私たちが皆でお勤めしている偈文です。私たちは「正信偈」をとおして真宗にふれるわけですが、それに関して一つの詩を思い出します。

在りし日の母が勤行《つとめ》の正信偈わが耳底《みみぞこ》に一生《ひとよ》ひびかむ

（『寒蟬集』吉野秀雄全集第一巻、筑摩書房、二九〇頁）

この詩は、吉野秀雄という詩人の『寒蟬集《かんせんしゅう》』に載っているものです。ここでは「母が勤行の正信偈」とあり、この詩においては家庭の中に「正信偈」があります。しかし現代では、お勤めをする家庭が少なくなってきており、家の伝統からお勤めが消えてきています。

現代においては宗教的な価値が見失われ、代わりに世俗的な価値が重視されています。いわゆる世俗化です。勝ち組とか負け組と表現されるような格差社会や、それに付随するような人生観が非常に強くなってきています。それは仏教の世界だけではなく、キリスト教の世界においても同じであり、全世界的に起こっていることです。それに対する反動として、逆に原理主義を信奉する人々が出てきているのです。

そのような時代の中で、私たちは世俗的な価値、例えば社会的な地位や財産等を依り処として生きています。その世俗的な価値を、社会の様々な出来事を通して検証していくことが、目下の課題であると思います。

例えば、二〇〇八年六月八日、東京の秋葉原で通称「秋葉原通り魔事件」が起こりました。犯人はトラックで歩行者天国に侵入し、次々と歩行者をはね、その後、犯人は多数の歩行者を刃物で殺傷しました。七人の方が死亡し、十人の方が負傷しました。この事件を引き起こした青年は、「勝ち組はみんな死ねばいい」と言ったそうです。

この事件は、世俗的な価値観を優先して、人間として守るべきものを見失っている、あるいは見誤っていることを端的に示す事件です。確かに社会は人間の道徳等の世俗的な価値観によって、形成されていくわけですから、世俗的な価値観は大切であると思います。しかし、そのような世俗の価値観を超えた、出世間の価値観にふれることがなければ、はなはだしく迷うという現実があるのです。と言うのも、世俗的な価値観は、相対的な価値観であるからです。

■相対的価値観から絶対的価値観へ

現代は格差社会であり、勝ち組や負け組という価値観があります。しかしその価値観は、時代によって変貌していくわけです。つまり私たちはそれぞれの時代における価値観に振り回されているのです。そのようなことから私たちは、世俗の価値観を超えた者にならなければならないと思うのです。以前私は、次のように書いたことがあります。

私たちのこの身は世俗の中にあるけれども、世俗を超えたものに眼を開かないと、どうしても世俗の価値観の中に縛られてしまう。つまり、人間的な物差しだとか、自己《エゴ》だとか、そういったものを中心に生きてしまうことになります。それはさまざまな意味で人間のひずみだとか、社会のひずみだとか、そういうものをいろいろ生み出しているのではないかと思います。いわば本尊、本当に尊いことを見失ってしまったということが、現代の大きな特徴ですね。

（安冨信哉『帰依三宝―仏教徒の大切なよりどころ―』東本願寺出版、九～一〇頁）

現代は世俗の価値が前面に出過ぎてしまい、宗教的な価値を見失っています。それによって人間としての様々な問題が出てきています。

私たち真宗門徒は、日常の生活の中で「正信偈」や『御文』を拝読させていただいているわけですが、それは「正信偈」や『御文』をとおして、世俗的な物の見方と異なる、もう一つの仏教による物の見方を学んでいくということなのです。

そのような意味においても、「正信偈」を大切なお聖教として拝読したいと思っています。また『蓮如上人御一代記聞書』は「真宗論語」とも言われており、大切なお聖教です。『論語』とは孔子の言行集であり、特に封建時代、武士に親しまれた一つの手本ですが、武士にとって自らを映し出す鏡のような書物だったのでしょう。そのような意味で『蓮如上人御一代記聞書』が「真宗論語」と呼ばれたと伝えられています。

世俗的な価値観を依り処として生きるということは、例えばお金や名誉や社会的な地位等を本尊とするわけです。しかしそうではなく、私たちは仏の教えを本尊とするというようなことです。私の上に正信念仏が成り立つ時、世俗的な価値から出世間の価値へ、つまり相対的価値から絶対的価値へと転ぜられるのです。ここに人生の方向が出てくるわけです。それは念仏の智慧による生き方なのです。人知では頷けないかもしれません。しかし私たちは人知だけではどうにもならないのであり、仏智に照らされて生きていくのです。つまり人知と仏智の二つの中で生活していくのです。『御文』では「末代無智」（真宗聖典八三二頁）と言うように、私たちは末代無智の凡夫であるという一点に立ち、この娑婆を生きていくのです。それが真の生き方であると思います。人生の方向が世俗から宗教へと転ずるのです。

■親鸞における伝統への帰入

世俗から宗教へと転じていくことを、一般的には回心《かいしん》と言います。キリスト教でも回心《かいしん》と言いますし、仏教では回心《えしん》と呼びます。

それでは、真宗においてその回心《えしん》とはどのようなことでしょうか。親鸞聖人は『唯信鈔文意』において「「回心」というは、自力の心をひるがえし、すつるをいうなり」（真宗聖典五五二頁）と説かれています。さらに親鸞聖人ご自身の回心《えしん》については、『教行信証』「後序」において「しかるに愚禿釈の鸞、建仁辛の酉の暦、雑行を棄てて本願に帰す」（真宗聖典三九九頁）と述べておられます。

その回心とは、具体的には本願に帰するということです。譬えて言えば、今まで根無し草のような状態にあった自分が、初めて本願という大地に根をおろしたのです。もっと具体的に言えば、念仏を申す者になるということです。

親鸞聖人ご自身は、比叡山の天台宗で修行されて、その修行の一切を放擲して、法然上人のもとへ行きました。心が翻るだけでなくて、身が翻ったのです。つまり回心とは転身のことなのです。それは一つの抽象的な理論が、抽象的な別の理論に変わったということではないのです。本当に自分が立つべき大地に根をおろすということです。さらに言えば、一緒に念仏申す者と共に歩みだすということでもあります。

親鸞聖人は、比叡山で天台宗の教団におられたのですが、そこは大変な階層的世界でした。とても根をおろすような場所ではなかったのです。それに対して、法然上人が説かれた教えに集う人々の集団は、親鸞聖人にとって根をおろす場所だったことから、その場が親鸞聖人の生きる拠点になります。そこが親鸞聖人の宗教的な拠点になるとともに、「いのち」の拠点になったのです。

また「後序」には法然上人との出遇いが書かれていますが、法然上人の背景となっている念仏の伝灯との出遇いについて述べられたのが「総序」です。

ここに愚禿釈の親鸞、慶《よろこ》ばしいかな、西蕃《せいばん》・月支《がっし》の聖典《しょうでん》、東夏《とうか》・日域《じちいき》の師釈、遇《あ》いがたくして今遇うことを得たり。聞きがたくしてすでに聞くことを得たり。真宗の教行証《きょうぎょうしょう》を敬信《きょうしん》して、特《こと》に如来の恩徳の深きことを知りぬ。

（真宗聖典一五〇頁）

ここでは七祖に出遇ったことに対して、大変な感激の言葉が述べられています。「後序」で見れば法然上人お一人ですが、「総序」で見れば七祖になるのです。

■歴史への発遣

「正信偈」の結讃の「弘経大士宗師等　拯済無辺極濁悪」においても、内容としては、インドではインドの祖師方、中国では中国の祖師方、日本では日本の祖師方、それぞれの方が本願の教えを明らかにされて、濁悪の衆生を救済されたことが述べられています。

また前にもふれましたが『本願寺聖人伝絵』（『御伝鈔』）の中でも、「忝《かたじけな》く彼《か》の三国の祖師、各《おのおの》此の一宗を興行す」（真宗聖典七三五頁）とあります。真宗が、日本に初めて花開いたというわけではないのです。インド、中国、日本、それぞれの場所で真宗が花開いたということです。そしてその言葉に続いて、「所以《このゆえに》、愚禿《ぐとく》勧《すすむ》るところ、更にわたくしなし」（同）とあります。つまり親鸞聖人自らが真宗を花開かせたというようなことではないということです。親鸞聖人には、七祖の後の第八祖であるというようなお気持ちはないのです。自分は法然上人が開かれた真宗に帰依し、もとを辿っていけば、三国の祖師それぞれが真宗を開かれている、自分はその伝統に立ったのだ、と親鸞聖人は受け取られています。その伝統に立ったという自覚から、その教えや仏智を有縁の人々に伝えようとされました。そのことが大きな使命になってきたのです。次のようなご和讃があります。

仏慧功徳をほめしめて　十方の有縁にきかしめん
信心すでにえんひとは　つねに仏恩報ずべし
（「浄土和讃」真宗聖典四八三頁）

ここでは、仏の智慧の功徳を称讃し、あらゆる有縁の方々に聞かしめよう、信心をすでに得た人は、常に恩を報じていかねばならない、ということが述べられています。「報ずべし」とありますが、「報」とは「報いる」という意味もありますが、仏恩を「知らせていく」という意味もあります。

「仏恩」の「恩」ということについて、仏教では「四恩」ということがよく知られています。仏恩・師恩・衆生恩・国土の恩（あるいは国王の恩）と言います。それに対して親鸞聖人は四恩のうち「仏恩」と「師恩」を言われるのです。

親鸞聖人は、「正信偈」の「龍樹章」で「応報大悲弘誓恩《おうほうだいひぐぜいおん》（大悲弘誓の恩を報ずべし）」（真宗聖典二〇五頁）と言われています。これが言わば「正信偈」の根底にある一つのエートスであろうと思います。さらに「正信偈」の「偈前の文」でも、

　恩を知りて徳を報ず、理宜《よろ》しくまず啓《けい》すべし。（中略）しかれば大聖《だいしょう》の真言《しんごん》に帰し、大祖《だいそ》の解釈《げしゃく》に閲《えつ》して、仏恩の深遠《じんのん》なるを信知して、正信念仏偈を作りて曰《い》わく　（真宗聖典二〇三頁）

と述べられているように、私たちにとって、「大聖の真言」と「大祖の解釈」が基本であるわけです。「正信偈」の中でも「大聖の真言」が「依経分」であり、「大祖の解釈」が「依釈分」です。つまり「大聖の真言」は「仏恩」であり、「大

祖の解釈」は「師恩」です。あるいは『大無量寿経』の御恩ということで言えば、仏恩です。そして『大無量寿経』の伝灯を伝えてきた師恩があるわけです。それらが「正信偈」を作っていると言っていいと思います。「正信偈」には一貫して、仏恩と師恩があるわけです。

■『選択集』と親鸞聖人

『教行信証』「後序」に「恩恕《おんじょ》を蒙りて『選択《せんじゃく》』を書しき」（真宗聖典三九九頁）とあるように、親鸞聖人は法然上人より『選択本願念仏集《せんじゃくほんがんねんぶつしゅう》』（『選択集』）の書写と、さらに法然上人の真影《しんねい》の図画《ずえ》を許されています。親鸞聖人はそのことに歴史的な意味を見出されています。そしてその『選択集』に応答するために『教行信証』を製作されたのです。法然上人と出遇ったことの自覚が『教行信証』を作らしめたわけです。

そして「正信偈」をとおして正信念仏の伝統を伝えます。それは親鸞聖人が法然上人から託されたことなのです。『選択集』は、本当にわずかな方しか書写することを許されなかった書物でした。後代、世に出ますが、聖光上人や証空上人、そして隆寛律師等の幾人かの方だけが法然上人から書写することを許されたのです。その中に親鸞聖人も選ばれました。

この『選択集』を親鸞聖人は、「希有最勝の華文《けうさいしょうのかもん》」（真宗聖典四〇〇頁）と言っておられます。しかし、親鸞聖人は「華文」という言葉をあまりお使いになっていません。「別序」のところで「一心の華文」（真宗聖典二一〇頁）という言葉が出てきますが、これは『浄土論』についてです。そして『選択集』は、九条兼実の願いによって書かれたものであり、法然上人が亡くなられた後、公になりましたが、多くの誤解と偽解にさらされました。その代表的なものが明恵上人《みょうえしょうにん》の『摧邪輪《ざいじゃりん》』です。親鸞聖人は、どうしても法然上人の願いを明らかにしたいということがあったのだと思います。『選択集』の願いを明らかにするために、『教行信証』を執筆し、誤解を解こうとされたのです。教えを護る必要もあったと思いますが、自らの正当性を主張するためではなかったと思います。

親鸞聖人が『選択集』の書写を許されたのは、法然上人から『選択集』を託されたということです。さらに言えば『選択集』の願いを託されたとも言えるでしょう。その願いも単なる個人的な願いではなく仏の願いです。本願を受けた願いです。そのような願いを受けて華が開いた。本願の芽から出てきた華、それが『選択集』です。法然上人において開いた華や種を、色々なところに蒔いてほしいということです。

経典では最後に「流通分」があり、釈尊が経典を託します。『大無量寿経』においては弥勒菩薩《みろくぼさつ》に付属《ふぞく》するわけですが、親鸞聖人はそれと同じ意味で『選択集』を託されたと自覚したということです。親鸞聖人は『選択集』の書写を許されたわけですが、その恩徳に報いるために『教行信証』を製作したとも言えるのです。

■浄土真宗物語としての「正信偈」

日本の仏教においては和讃の伝統がありますが、親鸞聖人は、法然上人の教えを大衆の手に手渡していくために、偈文を作る必要があると考えられたのだと思います。法然上人に託された願いとして、『選択集』の心を伝えるべく『教行信証』を作り、その中に「正信偈」を入れられたのでしょう。あるいは「正信偈」で語り得なかったものを和讃によって語るということがあったはずです。

いつの時代もそうですが、歌が人々の心を伝えていくということがあります。歌には、中国伝来の七言絶句がありますし、日本には当時流行した五七調の今様《いまよう》があります。親鸞聖人はそのような手法を借りながら、法然上人が開かれた浄土真宗というものを伝えておられるのです。

仏教には抽象的な概念も多く、それらはいくら説明しても語り得ないのです。しかしその語り得ないものを語ろうとする時、物語が大きな意味をもちます。物語にすることが重要であるわけです。それは伝統的な手法でもあるのです。近代は、非神話化という言葉が象徴するように、物語を殺した時代なのです。

親鸞聖人は、物語の形式を非常に大切にされた方であると思います。平安時代から鎌倉時代にかけては、『竹取物語』や『源氏物語』、あるいは『平家物語』など軍記物語や説話集など数多くの文学が作られており、物語の時代と言えます。

親鸞聖人もお手紙の中で、『後世物語聞書』を読むことを勧めておられます。さらに『教行信証』は思想的な書物ですが、物語も入っています。「正信偈」もそうです。正信念仏の道理とは、どのようなものであるかということを語っている叙事詩です。私自身、「正信偈」とは浄土真宗物語であると思っています。そのことは訓読すると分かります。

蓮如上人が『正信偈大意』の中で「これは三朝高祖の解釈により、ほぼ一宗大綱の要義をのべましましけり」（真宗聖典七四七頁）と述べておられるように、「正信偈」は六十行百二十句によって真宗の大綱を表した偈文です。その中にも二つの物語があるわけです。

「正信偈」では「法蔵菩薩の因位の時、世自在王仏の所《みもと》にましまして」（真宗聖典二〇四頁）から始まるのですが、その法蔵菩薩の物語において何が成就したかというと、言わば南無阿弥陀仏が成就したわけです。つまり一つ目は、南無阿弥陀仏がどのように成就されたかという物語なのです。仏教の大切な教えとして「法に依る」（真宗聖典三五七頁）ということがあります。「法に依りて人に依らざるべし」（同）です。釈尊の最後のお説教にも「法灯明」と出てきます。この法とは現代の言葉では真理ということです。神によって救われるわけではないのです。しかし「法に依る」と言っても、その法がどこにあるのかというと、わからないのです。法は手で掴めないものです。それを言葉にしたのが南無阿弥陀仏なのです。法が言葉になったわけです。その言葉になった仏が法蔵菩薩ということです。

その南無阿弥陀仏がどのように伝えられてきたかが「依釈分」の「大祖の解釈」に述べられています。それがもう一つの物語なのです。それは三国七高僧のエッセンスですね。南無阿弥陀仏の伝灯です。灯を伝えているのです。これは伝灯の物語なのです。

そのような二つの物語があるのです。物語は英語でストーリー（Story）ですが、ストーリーというのは時系列的に語られますので、ヒストリー（History）的な意味があります。そういうことから、ヒストリーとはヒズ・ストーリー（His story 彼の物語）とも言うそうです。私たちにとってその「彼」とは法蔵菩薩のことです。

「正信偈」の後半では、南無阿弥陀仏の伝灯の物語があるわけですが、それを偈頌という形式で語るのです。つまり本願との出遇いの感動を、偈の伝統に立って世に伝えるということです。この「偈」ということについて親鸞聖人は『尊号真像銘文』において「本願のこころをあらわすことばを偈というなり」（真宗聖典五一八頁）とおっしゃっています。単なる物語ではないのです。

■僧伽的人間の誕生

文明年間、蓮如上人によってお勤めの形がととのえられます。蓮如上人が教えを伝える上で、「正信偈」や『三帖和讃』をお使いになったのは、物語をとおして、人々に真宗の教えに親しんでもらいたいからです。ご門徒の日常に近づく、共にあるという宗風を伝えているのです。

私たちは毎朝毎晩、「正信偈」を拝読しています。それが真宗の生活なのです。そこで大切に思うのは「帰命無量寿如来　南無不可思議光」と言う前に、「無量寿如来に帰命し、不可思議光に南無したてまつる」というように訓読していくということです。訓読することによって浄土真宗の物語を毎朝毎晩、反復していくことになるのです。それは法を聞くということです。毎朝毎晩、私のところに念仏が届いてきたのは、このようないわれがあるということです。つまり物語を聞くのです。それと同時に音読するということがあります。音読とは、同朋・同行と共に唱和するということです。そこに和合衆、つまり僧伽が成立してくるのです。

その僧伽において親鸞聖人が同行と膝を交えて話をする時、そこには誰もが参加することができたのです。老人も子どもも、男も女も、身分の高い者も低い者も、そこで共に教えを聞いていくのです。厳しい差別があった時代に、差別を超えた交わりの世界ができたのです。念仏という絆によって結ばれるということです。念仏に開かれてくる和合衆が僧伽です。僧伽も中心に念仏を失えば、僧伽ではなくなります。単なるグループになるのです。「正信偈」の文に、

道俗時衆共同心　唯可信斯高僧説

（道俗時衆、共に同心に、ただこの高僧の説を信ずべし、と）　（真宗聖典二〇八頁）

とありますが、この「共同心」とは、「共に同心に」ということで「共に」とあります。この「共に」ということに、「念仏と共に」と「同朋と共に」という二つの「共に」があると思うのです。

この「道俗時衆、共に同心に、ただこの高僧の説を信ずべし」という言葉は、「正信偈」における結びの言葉であり、まさに親鸞聖人の僧伽への祈りを表した言葉であると思います。そのような僧伽の祈りに応えた僧伽的精神や共同体精神、つまり信心をもつ念仏者が各地に誕生しました。それを支えるのが、「唯可信斯高僧説」の唯信ということなのです。

この唯信については、『唯信鈔文意』の中に、

「唯」は、ただこのことひとつという。ふたつならぶことをきらうことばなり。また「唯」は、ひとりというこころなり。　（真宗聖典五四七頁）

とあります。ここで親鸞聖人は、信仰のもつ主体的な意味を「ひとり」と言っておられます。そしてさらに『尊号真像銘文』では、

唯信ともうすは、すなわちこの真実信楽をひとすじにとるこころをもうすなり。
（真宗聖典五一三頁）

とおっしゃっています。『歎異抄』では、「たまわりたる信心」（真宗聖典六三九頁）とも言われるわけですが、「真実信楽をひとすじにとるこころ」という言葉は、決して偶然に述べられたものではないのです。

比叡山の天台宗においては、受戒によって仏弟子が誕生するのであって、信心において仏弟子が誕生するとは言わないのです。しかし、戒律を受けたとしても、現実にはなかなか戒律を守ることができないのです。ところが善導大師は、信心獲得が仏弟子になる基本の条件であると教えられました。つまり真宗においては、いわゆる戒名はなく、法名があるわけですが、それは信心において仏弟子が誕生するということなのです。信心獲得による名前が法名であるということです。そのような区別があるわけです。

信心において新しい仏弟子が誕生するという意味において、親鸞聖人は、法然上人のもとにおいて、改めて仏弟子として誕生したということです。そしてそのような感情を得られたことから、愚禿釈親鸞と名のられたのです。そのことについて、前にも挙げた文章ですが、安田理深先生は次のようにおっしゃっています。

仏弟子といえば僧である。ただ個人的なものではない。仏教の人間は抽象的な人間でなく、僧伽的人間が仏教の人間である。仏弟子は、個人的存在ではなく、歴史的な存在である。

しかし歴史といっても法の歴史である。仏法の歴史というものも、人間がなければ成り立たないが、といってまた人間がつくる歴史ではない。仏法の歴史は、人間を機として成就する法の歴史である。

(『親鸞の宗教改革―共同体―』安田理深講義集第五巻、彌生書房、一九六頁)

安田先生はここで「仏弟子」を「僧伽的人間」という言葉で表現されています。そして歴史存在として「法の歴史」とも言われています。これは「正信偈」で繰り返し語っていることです。

僧伽の祈り

善導大師によれば、信心において誰もが仏弟子になるということであり、さらに言えば「正信偈」は「正信念仏偈」であるわけですから、「正信念仏」において誰もが仏弟子になることができるということです。それまでは仏弟子になることのできる資格をもつ者は、日本においては限られていました。ところが善導大師によれば、そうではないということなのです。僧伽の本来の意味に帰り、念仏において僧伽を開くということです。それが法然上人のお仕事だったわけです。それを親鸞聖人は引き継ぎ、鎌倉時代に念仏の僧伽をお作りになられたのです。そのことについて松原祐善先生は次のように言っておられます。

それは僧伽の解放であったといわねばならない。所謂比丘僧伽から離れて仏教が庶民へと解放されたのである。仏教が庶民へと解放されたことは、はじめて庶民の生活に真の宗教的覚醒の新しき時代がおとずれたのである。(中略)そこに新しく道俗男女貴賤を簡ばざる在家の一宗が開けたのである。伽藍を捨て、戒律を離れ、家庭を道場とし、資生産業をこれ仏道とする末法仏教がこの日本に展開されてきたのである。

（『親鸞と末法思想』法藏館、一三九〜一四〇頁）

「それは僧伽の解放であったといわねばならない。所謂比丘僧伽から離れて仏教が庶民へと解放された」とありますが、ここには僧伽への祈りがあると思います。その意味において「道俗時衆共同心　唯可信斯高僧説」という言葉は、僧伽への祈りを表していると思うのです。

「正信偈」という偈文は何のために拝読するのかと言うと、一つには念仏のいわれを聞信し、そして念仏の伝承を聞信するためです。「正信偈」とは、仏に向かって、あるいは亡くなった方のために読むものではないのです。確かに私たちは唱えるわけですが、そのことにおいて私たち自身が聞いていくのです。それは一字一句が自分のためにあり、自分に向かって放たれた言葉として聞いていくということです。それは功徳を期待するものではないのです。「正信偈」を拝読することによって知恩報徳の心を聞き、いただくということです。それが「正信偈」を読誦する大きな意味であると思います。

最初に、仏教の「現前僧伽」ということについて少しお話ししました。形なき仏法が、形を取って現実にはたらく、その場所が現前僧伽であるということです。浄土は仏法僧から成り立ちますが、その仏法僧が、この穢土である娑婆に映されているのです。浄土の僧伽が私たちのところに現前してくるのです。そのように受け止めてもいいのではないかと思います。私たちは「正信偈」を拝読することを通して、浄土の僧伽に召されていくという意味があるのだと思います。

教団というものを僧伽という視点、あるいは僧伽の運動として捉えなおすということは大切なことであろうと思います。

「正信念仏偈」全文・書き下し

※上段の漢文は『真宗大谷派勤行集』のルビに従った。

帰《き》命《みょう》無《む》量《りょう》寿《じゅ》如《にょ》来《らい》　南《な》無《む》不《ふ》可《か》思《し》議《ぎ》光《こう》
法《ほう》蔵《ぞう》菩《ぼ》薩《さ》因《いん》位《に》時《じ》　在《ざい》世《せ》自《じ》在《ざい》王《おう》仏《ぶっ》所《しょ》
覩《と》見《けん》諸《しょ》仏《ぶ》浄《じょう》土《ど》因《いん》　国《こく》土《ど》人《にん》天《でん》之《し》善《ぜん》悪《まく》
建《こん》立《りゅう》無《む》上《じょう》殊《しゅ》勝《しょう》願《がん》　超《ちょう》発《ほっ》希《け》有《う》大《だい》弘《ぐ》誓《ぜい》
五《ご》劫《こう》思《し》惟《ゆい》之《し》摂《しょう》受《じゅ》　重《じゅう》誓《せい》名《みょう》声《しょう》聞《もん》十《じっ》方《ぽう》
普《ふ》放《ほう》無《む》量《りょう》無《む》辺《へん》光《こう》　無《む》碍《げ》無《む》対《たい》光《こう》炎《えん》王《のう》

無量寿如来《むりょうじゅにょらい》に帰命《きみょう》し、不可思議光《ふかしぎこう》に南無《なむ》したてまつる。

法蔵菩薩《ほうぞうぼさつ》の因位の時、世自在王仏《せじざいおうぶつ》の所《みもと》にましまして、

諸仏《しょぶつ》の浄土《じょうど》の因、国土人天の善悪を覩見《とけん》して、

無上殊勝《むじょうしゅしょう》の願を建立《こんりゅう》し、希有《けう》の大弘誓《だいぐぜい》を超《ちょう》発《ほっ》せり。

五劫《ごこう》、これを思惟《しゆい》して摂受《しょうじゅ》す。重ねて誓《ちか》うらくは、名声《みょうしょう》十方に聞こえんと。

あまねく、無量《むりょう》・無辺光《むへんこう》、無碍《むげ》・無対《むたい》・光《こう》炎王《えんのう》、

清浄《しょうじょう》歓喜《かんぎ》智慧《ちえ》光《こう》　不断《ふだん》難思《なんし》無称《むしょう》光《こう》

超日月《ちょうにちがっ》光《こう》照《しょう》塵刹《じんせ》　一切《いっさい》群生《ぐんじょう》蒙《む》光照《こうしょう》

本願《ほんがん》名号《みょうごう》正定《しょうじょう》業《ごう》　至心《ししん》信楽《しんぎょう》願《がん》為《に》因《いん》

成《じょう》等覚《とうがく》証《しょう》大涅槃《だいねはん》　必至《ひっし》滅度《めつど》願《がん》成就《じょうじゅ》

如来《にょらい》所以《しょい》興出《こうしゅっ》世《せ》　唯説《ゆいせ》弥陀《みだ》本願《ほんがん》海《かい》

五濁《ごじょく》悪時《あくじ》群生《ぐんじょう》海《かい》　応信《おうしん》如来《にょらい》如実《にょじつ》言《ごん》

清浄《しょうじょう》・歓喜《かんぎ》・智慧《ちえ》光《こう》、不断《ふだん》・難思《なんし》・無称《むしょう》光《こう》、超日月光《ちょうにちがっこう》を放って、塵刹《じんせつ》を照らす。

一切の群生《ぐんじょう》、光照《こうしょう》を蒙《かぶ》る。

本願《ほんがん》の名号《みょうごう》は正定《しょうじょう》の業《ごう》なり。至心信楽《ししんしんぎょう》の願《がん》を因とす。

等覚《とうがく》を成《な》り、大涅槃《だいねはん》を証することは、必至《ひっし》滅度《めつど》の願成就《がんじょうじゅ》なり。

如来、世に興出《こうしゅつ》したまうゆえは、ただ弥陀《みだ》本願海《ほんがんかい》を説かんとなり。

五濁悪時《ごじょくあくじ》の群生海《ぐんじょうかい》、如来如実《にょじつ》の言《みこと》を信ずべし。

能《の》発《うほ》一念《いちねん》喜愛心《きあいしん》　不《ふ》断《だん》煩悩《ぼんのう》得《とく》涅槃《ねはん》

凡聖《ぼんしょう》逆謗《ぎゃくほう》斉《さい》回入《えにゅう》　如《にょ》衆《しゅ》水《し》入《にゅう》海《かい》一味《いちみ》

摂取《せっしゅ》心光《しんこう》常《じょう》照護《しょうご》　已《い》能《のう》雖《すい》破《は》無明《むみょう》闇《あん》

貪愛《とんない》瞋憎《しんぞう》之《し》雲霧《うんむ》　常《じょう》覆《ふ》真実《しんじ》信心《しんじん》天《てん》

譬如《ひにょ》日光《にっこう》覆《ふ》雲霧《うんむ》　雲霧《うんむ》之《し》下《げ》明《みょう》無《む》闇《あん》

獲《ぎゃく》信《しん》見《けん》敬《きょう》大《だい》慶喜《きょうき》　即《そく》横《おう》超截《ちょうぜつ》五《ご》悪趣《あくしゅ》

よく一念《いちねん》喜愛《きあい》の心を発《ほっ》すれば、煩悩《ぼんのう》を断ぜずして涅槃を得《う》るなり。

凡聖《ぼんしょう》、逆謗《ぎゃくほう》、ひとしく回入《えにゅう》すれば、衆水《しゅすい》、海に入《い》りて一味《いちみ》なるがごとし。

摂取《せっしゅ》の心光《しんこう》、常に照護《しょうご》したまう。すでによく無明《むみょう》の闇《あん》を破《は》すといえども、貪愛《とんない》・瞋憎《しんぞう》の雲霧《うんむ》、常に真実信心《しんじつしんじん》の天に覆《おお》えり。

たとえば、日光の雲霧に覆わるれども、雲霧の下、明らかにして闇《くら》きことなきがごとし。

信を獲れば見て敬《うやま》い大《おお》きに慶喜《きょうき》せん、すなわち横《よこざま》に五悪趣《ごあくしゅ》を超截《ちょうぜつ》す。

一切《いっさい》善悪《ぜんまく》凡夫人《ぼんぶにん》　聞信《もんしん》如来《にょらい》弘誓願《ぐぜいがん》
仏言《ぶつごん》広大《こうだい》勝解者《しょうげしゃ》　是人《ぜにん》名《みょう》分陀利華《ふんだりけ》
弥陀仏《みだぶ》本願《ほんがん》念仏《ねんぶ》　邪見《じゃけん》憍慢《きょうまん》悪衆生《あくしゅじょう》
信楽《しんぎょう》受持《じゅじ》甚以難《じんになん》　難中之難《なんちゅうしなん》無過斯《むかし》
印度《いんど》西天《さいてん》之論家《しろんげ》　中夏《ちゅうか》日域《じちいき》之高僧《しこうそう》
顕《けん》大聖《だいしょう》興世《こうせ》正意《しょうい》　明《みょう》如来《にょらい》本誓《ほんぜい》応機《おうき》

一切善悪《ぜんあく》の凡夫人《ぼんぶにん》、如来の弘誓願《ぐぜいがん》を聞信《もんしん》すれば、仏《ぶつ》、広大勝解《こうだいしょうげ》の者《ひと》と言《のたま》えり。この人を分陀利華《ふんだりけ》と名《な》づく。

弥陀仏の本願念仏は、邪見憍慢《じゃけんきょうまん》の悪衆生《あくしゅじょう》、信楽受持《しんぎょうじゅじ》すること、はなはだもって難《かた》し。難《なん》の中の難、これに過ぎたるはなし。

印度《いんど》・西天《さいてん》の論家《ろんげ》、中夏《ちゅうか》・日域《じちいき》の高僧《こうそう》、大聖興世《だいしょうこうせ》の正意《しょうい》を顕《あらわ》し、如来の本誓《ほんぜい》、機《き》に応《おう》ぜることを明《あ》かす。

釈《しゃ》迦《か》如《にょ》来《らい》楞《りょう》伽《が》山《せん》　為《い》衆《しゅう》告《ごう》命《みょう》南《なん》天《てん》竺《じく》

龍《りゅう》樹《じゅ》大《だい》士《じ》出《しゅっ》於《と》世《せ》　悉《しつ》能《のう》摧《ざい》破《は》有《う》無《む》見《けん》

宣《せん》説《ぜ》大《だい》乗《じょう》無《む》上《じょう》法《ほう》　証《しょう》歓《かん》喜《ぎ》地《じ》生《しょう》安《あん》楽《らく》

顕《けん》示《じ》難《なん》行《ぎょう》陸《ろく》路《ろ》苦《く》　信《しん》楽《ぎょう》易《い》行《ぎょう》水《し》道《どう》楽《らく》

憶《おく》念《ねん》弥《み》陀《だ》仏《ぶ》本《ほん》願《がん》　自《じ》然《ねん》即《そく》時《じ》入《にゅう》必《ひつ》定《じょう》

唯《ゆい》能《のう》常《じょう》称《しょう》如《にょ》来《らい》号《ごう》　応《おう》報《ほう》大《だい》悲《ひ》弘《ぐ》誓《ぜい》恩《おん》

釈迦如来《しゃかにょらい》、楞伽山《りょうがせん》にして、衆《しゅう》のために告命《ごうみょう》したまわく、

南天竺《なんてんじく》に、龍樹大士《りゅうじゅだいじ》世《よ》に出《い》でて、ことごとく、よく有無《うむ》の見《けん》を摧破《ざいは》せん。

大乗無上《だいじょうむじょう》の法を宣説《せんぜつ》し、歓喜地《かんぎじ》を証して、安楽《あんらく》に生ぜん、と。

難行《なんぎょう》の陸路《ろくろ》、苦しきことを顕示《けんじ》して、易行《いぎょう》の水道、楽しきことを信楽《しんぎょう》せしむ。

弥陀仏の本願を憶念《おくねん》すれば、自然《じねん》に即《そく》の時《とき》、必定《ひつじょう》に入《い》る。

ただよく、常に如来の号《みな》を称《しょう》して、大悲弘《だいひぐ》誓《ぜい》の恩《おん》を報《ほう》ずべし、といえり。

「正信念仏偈」全文・書き下し

天《てん》親《じん》菩《ぼ》薩《さ》造《ぞう》論《ろん》説《せ》　帰《き》命《みょう》無《む》碍《げ》光《こう》如《にょ》来《らい》
依《え》修《しゅ》多《た》羅《ら》顕《けん》真《しん》実《じ》　光《こう》闡《せん》横《おう》超《ちょう》大《だい》誓《せい》願《がん》
広《こう》由《ゆ》本《ほん》願《がん》力《りき》回《え》向《こう》　為《い》度《ど》群《ぐん》生《じょう》彰《しょう》一《いっ》心《しん》
帰《き》入《にゅう》功《く》徳《どく》大《だい》宝《ほう》海《かい》　必《ひつ》獲《ぎゃく》入《にゅう》大《だい》会《え》衆《しゅ》数《しゅ》
得《とく》至《し》蓮《れん》華《げ》蔵《ぞう》世《せ》界《かい》　即《そく》証《しょう》真《しん》如《にょ》法《ほっ》性《しょう》身《しん》
遊《ゆ》煩《ぼん》悩《のう》林《りん》現《げん》神《じん》通《づう》　入《にゅう》生《しょう》死《じ》園《おん》示《じ》応《おう》化《げ》

天親菩薩《てんじんぼさつ》、論《ろん》を造りて説《と》かく、無碍光如来《むげこうにょらい》に帰命したてまつる。

修多羅《しゅたら》に依《よ》って真実を顕《あらわ》して、横超《おうちょう》の大誓《だいせい》願《がん》を光闡《こうせん》す。

広く本願力《ほんがんりき》の回向《えこう》に由《よ》って、群生《ぐんじょう》を度《ど》せんがために、一心《いっしん》を彰《あらわ》す。

功徳大宝海《くどくだいほうかい》に帰入《きにゅう》すれば、必ず大会衆《だいえしゅ》の数に入《い》ることを獲《う》。

蓮華蔵世界《れんげぞうせかい》に至ることを得《う》れば、すなわち真如法性《しんにょほっしょう》の身《しん》を証せしむと。

煩悩の林に遊びて神通《じんずう》を現じ、生死《しょうじ》の園《その》に入《い》りて応化《おうげ》を示す、といえり。

本《ほん》師《じ》曇《どん》鸞《らん》梁《りょう》天《てん》子《し》　常《じょう》向《こう》鸞《らん》処《しょ》菩《ぼ》薩《さ》礼《らい》
三《さん》蔵《ぞう》流《る》支《し》授《じゅ》浄《じょう》教《きょう》　焚《ぼん》焼《しょう》仙《せん》経《ぎょう》帰《き》楽《らく》邦《ほう》
天《てん》親《じん》菩《ぼ》薩《さ》論《ろん》註《ちゅう》解《げ》　報《ほう》土《ど》因《いん》果《が》顕《けん》誓《せい》願《がん》
往《おう》還《げん》回《え》向《こう》由《ゆ》他《た》力《りき》　正《しょう》定《じょう》之《し》因《いん》唯《ゆい》信《しん》心《じん》
惑《わく》染《ぜん》凡《ぼん》夫《ぶ》信《しん》心《じん》発《ほ》　証《しょう》知《ち》生《しょう》死《じ》即《そく》涅《ね》槃《はん》
必《ひっ》至《し》無《む》量《りょう》光《こう》明《みょう》土《ど》　諸《しょ》有《う》衆《しゅ》生《じょう》皆《かい》普《ふ》化《け》

本師《ほんじ》、曇鸞《どんらん》は、梁《りょう》の天子《てんし》常に鸞《らん》のところに向こうて菩薩《ぼさつ》と礼《らい》したてまつる。

三蔵流支《さんぞうるし》、浄教《じょうきょう》を授けしかば、仙経《せんぎょう》を焚焼《ぼんしょう》して楽邦《らくほう》に帰したまいき。

天親菩薩の『論《ろん》』、註解《ちゅうげ》して、報土《ほうど》の因果、誓願に顕《あらわ》す。

往《おう》・還《げん》の回向《えこう》は他力《たりき》に由《よ》る。正定《しょうじょう》の因はただ信心なり。

惑染《わくぜん》の凡夫《ぼんぶ》、信心発《ほっ》すれば、生死即涅槃《しょうじそくねはん》なりと証知《しょうち》せしむ。

必ず無量光明土《こうみょうど》に至れば、諸有《しょう》の衆生、みなあまねく化《け》すといえり。

道《どう》綽《しゃっ》決《けっ》聖《しょう》道《どう》難《なん》証《しょう》　唯《ゆい》明《みょう》浄《じょう》土《ど》可《か》通《つう》入《にゅう》
万《まん》善《ぜん》自《じ》力《りき》貶《へん》勤《ごん》修《しゅ》　円《えん》満《まん》徳《とく》号《ごう》勧《かん》専《せん》称《しょう》
三《さん》不《ぷ》三《さん》信《しん》誨《け》慇《おん》懃《ごん》　像《ぞう》末《ま》法《ほう》滅《め》同《どう》悲《ひ》引《いん》
一《いっ》生《しょう》造《ぞう》悪《あく》値《ち》弘《ぐ》誓《ぜい》　至《し》安《あん》養《にょう》界《かい》証《しょう》妙《みょう》果《か》
善《ぜん》導《どう》独《どく》明《みょう》仏《ぶっ》正《しょう》意《い》　矜《こう》哀《あい》定《じょう》散《さん》与《よ》逆《ぎゃく》悪《あく》
光《こう》明《みょう》名《みょう》号《ごう》顕《けん》因《いん》縁《ねん》　開《かい》入《にゅう》本《ほん》願《がん》大《だい》智《ち》海《かい》

道綽《どうしゃく》、聖道《しょうどう》の証しがたきことを決して、ただ浄土の通入《つうにゅう》すべきことを明かす。

万善《まんぜん》の自力《じりき》、勤修《ごんしゅ》を貶《へん》す。円満の徳号《とくごう》、専《せん》称《しょう》を勧む。

三不三信《さんぷさんしん》の誨《おしえ》、慇懃《おんごん》にして、像末法滅《ぞうまつほうめつ》、同じく悲引《ひいん》す。

一生《いっしょう》悪を造れども、弘誓に値《もうあ》いぬれば、安《あん》養界《にょうかい》に至りて妙果《みょうか》を証せしむと、いえり。

善導《ぜんどう》独り、仏の正意《しょうい》を明かせり。定散《じょうさん》と逆悪《ぎゃくあく》とを矜哀《こうあい》して、

光明名号、因縁を顕《あらわ》す。本願の大智海《だいちかい》に開《かい》入《にゅう》すれば、

行《ぎょう》者《じゃ》正《しょう》受《じゅ》金《こん》剛《ごう》心《しん》　慶《きょう》喜《き》一《いち》念《ねん》相《そう》応《おう》後《ご》
与《よ》韋《い》提《だい》等《とう》獲《ぎゃく》三《さん》忍《にん》　即《そく》証《しょう》法《ほっ》性《しょう》之《し》常《じょう》楽《らく》
源《げん》信《しん》広《こう》開《かい》一《いち》代《だい》教《きょう》　偏《へん》帰《き》安《あん》養《にょう》勧《かん》一《いっ》切《さい》
専《せん》雑《ぞう》執《しゅう》心《しん》判《はん》浅《せん》深《じん》　報《ほう》化《け》二《に》土《ど》正《しょう》弁《べん》立《りゅう》
極《ごく》重《じゅう》悪《あく》人《にん》唯《ゆい》称《しょう》仏《ぶ》　我《が》亦《やく》在《ざい》彼《ひ》摂《せっ》取《しゅ》中《ちゅう》
煩《ぼん》悩《のう》障《しょう》眼《げん》雖《すい》不《ふ》見《けん》　大《だい》悲《ひ》無《む》倦《けん》常《じょう》照《しょう》我《が》

行者《ぎょうじゃ》、正《まさ》しく金剛心《こんごうしん》を受けしめ、慶喜《きょうき》の一念相応《そうおう》して後《のち》、韋提《いだい》と等しく三忍《さんにん》を獲《え》、すなわち法性《ほっしょう》の常楽《じょうらく》を証せしむ、といえり。

源信《げんしん》、広く一代の教を開きて、ひとえに安養《あんにょう》に帰して、一切を勧む。

専雑《せんぞう》の執心《しゅうしん》、浅深《せんじん》を判じて、報化二土《ほうけにど》、正《まさ》しく弁立《べんりゅう》せり。

極重《ごくじゅう》の悪人は、ただ仏を称すべし。我《われ》また、かの摂取《せっしゅ》の中にあれども、煩悩、眼《まなこ》を障《さ》えて見たてまつらずといえども、大悲倦《ものう》きことなく、常に我を照らしたまう、といえり。

本《ほん》師《じ》源《げん》空《くう》明《みょう》仏《ぶっ》教《きょう》　憐《れん》愍《みん》善《ぜん》悪《まく》凡《ぼん》夫《ぶ》人《にん》
真《しん》宗《しゅう》教《きょう》証《しょう》興《こう》片《へん》州《しゅう》　選《せん》択《じゃく》本《ほん》願《がん》弘《ぐ》悪《あく》世《せ》
還《げん》来《らい》生《しょう》死《じ》輪《りん》転《でん》家《げ》　決《けっ》以《ち》疑《ぎ》情《じょう》為《い》所《しょ》止《し》
速《そく》入《にゅう》寂《じゃく》静《じょう》無《む》為《い》楽《らく》　必《ひっ》以《ち》信《しん》心《じん》為《い》能《のう》入《にゅう》
弘《ぐ》経《きょう》大《だい》士《じ》宗《しゅう》師《し》等《とう》　拯《じょう》済《さい》無《む》辺《へん》極《ごく》濁《じょく》悪《あく》
道《どう》俗《ぞく》時《じ》衆《しゅう》共《ぐ》同《どう》心《しん》　唯《ゆい》可《か》信《しん》斯《し》高《こう》僧《そう》説《せ》

本師《ほんじ》・源空《げんくう》は、仏教に明らかにして、善悪の凡夫人《ぼんぶにん》を憐愍《れんみん》せしむ。

真宗《しんしゅう》の教証《きょうしょう》、片州《へんしゅう》に興《おこ》す。選択《せんじゃく》本願《ほんがん》、悪《あく》世《せ》に弘《ひろ》む。

生死《しょうじ》輪転《りんでん》の家に還来《かえ》ることは、決するに疑《ぎ》情《じょう》をもって所止《しょし》とす。

速やかに寂静《じゃくじょう》無為《むい》の楽《みやこ》に入《い》ることは、必ず信心をもって能入《のうにゅう》とす、といえり。

弘経《ぐきょう》の大士《だいじ》・宗師《しゅうし》等《とう》、無辺《むへん》の極濁悪《ごくじょくあく》を拯済《じょうさい》したまう。

道俗時衆《どうぞくじしゅう》、共に同心《どうしん》に、ただこの高僧の説を信ずべし、と。

あとがき

本書は、教学研究所長であった安富信哉先生が、研究所主催の教化伝道研修第二期（二〇一四年～二〇一六年）で話された講義「聖教の学び」をまとめたものです。教化伝道研修は、真宗大谷派宗門のこれからの教化伝道を担っていただく僧侶を対象とした研修です。

教化伝道の基本は、まずもって自己の信を確かめることであり、そのことをとおして、他者に仏道が伝わることを願うものであります。その意味では、本書は僧侶を対象とした講義の記録ではありますが、しかし、今の時代や自分の生活に何か疑問を抱きながら、何を信ずるべきであるのかを探し求めておられるすべての人にとって、忘れてはならない大切なことを教えてくださっています。

真宗の教えは、家族や地域の人々と共に生きる生活者の中で伝承されてきました。具体的には、日々の「正信偈」「和讃」のお勤めや、蓮如上人からご門徒へのお手紙である『御文』の拝読をとおして、親から子へ、子から孫へと伝えられてきたのです。そのような、念仏の教えを伝承してきた生活者の息づかいを伝える吉野秀雄氏の詩を、先生は講義の中で紹介しておられます。

在りし日の母が勤行《つとめ》の正信偈わが耳底《みみぞこ》に一生《ひとよ》ひびかむ　（本書一二二頁）

この詩を引かれた先生のこころを思う時、田舎や市井の人々の精神生活をささえてきた「正信偈」のお勤めへの先生自身の敬意を感ずるのです。「正信偈」に関する書籍は多く出版されていますが、「正信偈」をとおして真宗僧伽論を展開するという視点は希有であり、そこに、安富先生の真宗人としての願いとすぐれた知見を今更ながら深く感じます。

「正信偈」では僧伽の歴史的な伝承が念じられているわけですが、和讃や「正信偈」などの偈文は、共に歌い、そこに僧伽が開かれることが願われているように思います。つまり親鸞聖人が関東におられた頃、「正信偈」をお作りになったのは、念仏の同朋が共に歌い、和合することを願っておられたからなのではないかと思うのです。

（本書三八頁）

「正信偈」のお勤めが念仏の教えの伝承と僧伽を開くかけがえのない縁となる、そのことを願われたであろう親鸞聖人、そして、人々の生活の中に具体化された蓮如上人、それを忠実にまもり勤め続けてきた真宗門徒がおられるのです。そのことに注視された先生が、僧伽を憶念しながら「正信偈」の学びを共にしてくださいました。

真宗の学びについて欠くべからざる大切なことがあります。それは学びによって「愚に帰る」ということであります。

私たち真宗門徒は、日常の生活の中で「正信偈」や『御文』を拝読させていただいているわけですが、それは「正信偈」や『御文』をとおして、世俗的な物の見方と異なる、もう一つの仏教による物の見方を学んでいくということなのです。（中略）私たちは人知だけではどうにもならないのであり、仏智に照らされて生きていくのです。つまり人知と仏智の二つの中で生活していくのです。『御文』では「末代無智」と言うように、私たちは末代無智の凡夫であるという一点に立ち、この娑婆を生きていくのです。それが真の生き方であると思います。人生の方向が世俗から宗教へと転ずるのです。

（本書一二五～七頁）

「末代無智の凡夫であるという一点に立」つ時、「共に」の世界が開かれ、人知に大きく傾き自我意識にとらわれる時は孤立を免れないのであります。

核家族化や家族の意味が種々に問われる中、念仏の教えや仏事の伝承の難しさが語られます。この書をとおして、念仏の教えを生活の中心に据えた先人の人生に思いをいたし、そして、私たちがどれほど深い願いの歴史の中に生きていたのかを知るならば、一人ひとりの中に新たな一歩を踏み出す願いが生まれるものと思います。

安冨信哉先生のご恩と温顔を偲びつつ、本書が一人でも多くの方々に読まれることを願うものです。

なお、文責はすべて教学研究所にあることを申し添えます。

二〇一八年十月

真宗大谷派教学研究所長　楠　信生

安冨　信哉（やすとみ　しんや）

1944（昭和19）年生まれ。早稲田大学卒。大谷大学教授、真宗大谷派教学研究所長などを歴任。文学博士。専門は真宗学。2017（平成29）年３月31日逝去。著書『『教行信証』への序論―総序を読む』『『選択本願念仏集』私記』『近代日本と親鸞―信の再生―』（以上、東本願寺出版）、『『唯信鈔』講義』（大法輪閣）など。

真宗僧伽論《しんしゅうさんがろん》―正信偈《しょうしんげ》をとおして―

2018（平成30）年11月28日　第１刷発行

発行者　但馬　弘
編　集　真宗大谷派教学研究所
発　行　東本願寺出版（真宗大谷派宗務所出版部）
〒600-8505　京都市下京区烏丸通七条上る
TEL　075-371-9189（販売）
075-371-5099（編集）
FAX　075-371-9211
印刷・製本　（有）寶印刷工業所
デザイン　浜口彰子

ISBN978-4-8341-0596-4　C0015